改訂版

弁護士がここまで教える

よくわかる離婚調停の本

相手方の約束を必ず守らせるために

神坪 浩喜

同文舘出版

改訂版によせて

本書初版（２０１９年）は、現在、離婚問題に悩んでいる方に向けて、わかりやすく離婚調停について解説した本でした。弁護士の私が、これまで多数の離婚相談を受けて、相談者からよく聞かれること、すなわち離婚問題に直面している方が知りたいことについて、実際に相談者に話していることを書いたものです。また、離婚調停を賢く活用すること、そのために知っておきたいことについて、ポイントを記しました。

本書は、その改訂版です。初版は、おかげさまで読者の方から「わかりやすい」と好評をいただきましたが、初版を出してからすでに4年がたち、家事調停において利用されている養育費・婚姻費用の標準算定方式・算定表の見直しがなされる等、調停実務においても重要な変化がありました。そこで、その点を改めるとともに、調停のメリットだけではなく、調停の現実やデメリット、その対処法についても加筆しました。

本書が、離婚問題に悩んでいる方の一助となれば、著者としてうれしい限りです。

はじめに

本書を手に取っていただき、ありがとうございます。

今、あなたは離婚について悩んでいるかもしれませんね。あるいは、ご家族や友人から離婚の相談を受けているかもしれません。

「夫との生活にもう我慢できないので離婚したいが、どうすればいいのだろう？」

「離婚を切り出す前に、どのようなことを準備しておけばいいのだろう？」

「夫に、子どもの養育費をきちんと支払って欲しいが、払ってくれるか不安だ」

「子どもを連れて別居した妻が、子どもと会わせないと言っている」

離婚問題に直面したとき、このようにさまざまな悩みや不安が出てくるものです。たいへん辛いことと思います。

本書は、離婚問題に直面し、悩みや不安を抱えている方に、少しでもその悩みや不安を軽減してもらい、次の一歩を踏み出してもらうための本です。

私は、約25年間、弁護士として多くの離婚相談を受けてきました。夫側からも妻側からも、さまざまな離婚の悩みを聞いてきました。悩みは人によってそれぞれではあるのですが、数多くの離婚相談にのっていると、よく聞かれる質問、注意すべきポイントや対応のコツがあることに気がつきました。その知識やコツというものは、決して難しいものではなく、ある意味「ちょっとしたこと」なのです。

しかし、そのちょっとした知識とコツを知っているか知らないかで、離婚後の生活が大きく変わってくることがあります。

ちょっとした知識とコツを知ることで、離婚問題の悩みや不安も、ずっと軽くなることでしょう。

本書では、私が離婚相談でよく聞かれる質問に対して、具体例を織り交ぜながら、わかりやすく説明しています。

また、小難しい法律の解説は必要最低限にして、相談者が本当に知りたいことや知っておくべきことについて、建前論ではなく本音でお伝えしました。

読んでいくと、あたかも弁護士に直接相談しているような感覚を持たれることと思います。

私は、弁護士として多数の離婚調停事件を経験した他に、4年間、民事調停官（非常勤裁判官）として、多くの調停事件を取り扱った経験もあります。本書では、その経験を踏まえて、離婚調停をうまく活用するコツについてもお伝えしていきます。

本書を読み進めることで、離婚調停を活用して、離婚問題を乗り越えるための「知識とコツ」が自然と身につくことでしょう。

6章には、離婚調停物語を掲載しましたので、こちらを一読すれば、実際の調停のイメージもつかめると思います。

離婚は、人生の大きな転機であり、再出発でもあります。再出発にあたっては、離婚した後の生活を見据えて準備し、相手ときちんと取り決めをしておくことが必要です。ところが、実際には多くの夫婦が、何の準備もせずに、また養育費や面会交流等、決めるべきことをきちんと決めないまま離婚しています。取り決めをきちんとしていないばかりに、その後の生活に苦しんでいる方が多くいらっしゃいます。

離婚問題に直面したとき、辛くて精神的な余裕はないとは思いますが、離婚後の自分や子どもの生活を守るためにも、養育費や財産分与等について、きちんと取り決めをしていただきたいと思います。

知らないために離婚できなかったり、不利な条件で離婚してしまう。取り決めるべきことを決めないまま離婚してしまう……。

そのようなことがなくなって、離婚後の生活、人生の再出発がスムーズにできれば、と思います。

相手と話し合うのも嫌だ、とにかく早く別れたいと思って、養育費等の取り決めをせずに、簡単に離婚届を出してしまう方もおられるかもしれません。

しかし、調停を活用すれば、中立的な第三者が間に入りますので、相手と直接話し合いをする必要はありません。自分が弱い立場だと感じても、裁判所が関与する離婚調停では、相手と対等に話し合いをすることも、相手に約束をしてもらうこともできるのです。

本書では、**「相手に約束をしてもらう」「約束を守ってもらう」**ために、離婚調停を活用することを推奨し、**調停前に準備しておくこと、調停申し立てのやり方、離婚調停をうまく活用するコツ**について、くわしくお話ししました。

あなたは、「離婚調停」と聞くと、それは「揉めているときに仕方なく使うもの」と思っていませんか。

たしかに、離婚調停は、夫婦だけでは話し合いがつかなくなって、「揉めているとき」に多く利用されています。

しかし、たとえば「相手と揉めているわけではなく、おおよその合意はできているけれど、養育費や面会交流、財産分与等についてきちんと取り決めをしたい。相手に約束を守ってもらいたい」といったときにも調停は活用できるのです。

調停を活用すれば、夫婦で決めた養育費等の合意が、適正なものなのかどうかを裁判所にチェックしてもらうことができますし、合意の内容を、調停調書という公の調書で、文書として残してくれます。また、調停条項として記載してもらうことで、もし相手が約束を守らないときには、相手の給料を差し押さえて強制的に回収することができます。

調停を活用することで、相手に約束を守らせることができるのです。

つまり、調停は、「揉めているとき」だけではなく、**「揉めていないとき」にも、「相手に約束を守ってもらうため」にも活用できる**のです。

本書を読むことで、離婚という人生の再出発に向けた知識とノウハウをきっと身につけることができることでしょう。

あなたの人生の再出発にあたって、この本が心強い味方となれば、著者としてこれほどうれしいことはありません。

弁護士　神坪浩喜

弁護士がここまで教える　改訂版　よくわかる離婚調停の本　目次

1章

知っておきたい離婚調停の基礎知識

2章

離婚調停を申し立てる前にやっておきたいこと

3章

意外と簡単！ 離婚調停の申し立て

6章

離婚調停物語——ストーリーでよくわかる離婚調停

7章

知っておきたい争点別、離婚調停における賢い対応法

8章

調停成立後の手続き

9章

離婚後のこと――相手に約束を守らせるために

装丁／春日井恵実
本文DTP／マーリンクレイン

ある夫婦の物語

今年30歳になる澤村春美は25歳のとき、5つ年上の孝昭と友人の紹介で知り合い、半年の交際を経て平成30年の8月に結婚した。夫は、仙台市内の中堅不動産会社に勤めていた。令和元年12月に長男涼太が生まれ、市内の賃貸アパートに3人で暮らしている。

育児や家事はすべて春美が行ない、孝昭は、一切関与することがなかった。春美が夫に、「少しは育児や家事を分担して欲しい」と言っても、夫は「それが君の仕事だろう。俺は外でがんばって働いて疲れているんだ」と取り合ってくれなかった。

令和4年の春に、夫が新しい部署に異動になってストレスがかかったのか、機嫌が悪いと春美にあたり、「俺を怒らせるな！」「怒らせたお前が悪い！」と春美を責めるようになった。

春美が何かを言い返そうものなら、夫は、さらに機嫌が悪くなり「誰のおかげで暮らしていけると思っているんだ！」「この役立たずが！」というようなひどい暴言を吐くこともたびたびあった。

その一方で、夫は優しいときもあって、春美は、夫が怒るのは、自分に問題があるからではないかと思い、どうすれば夫を怒らせなくてすむのだろうかと思い悩んだ。離婚のことも頭をよぎったが、涼太もまだ4歳と小さいし、パートのわずかな収入だけでは、離婚後の生活のめども立たなかった。

しかし、令和5年7月から頭痛がひどくなり、夜も眠れなくなって心療内科で診てもらい、薬をもらうようにまでなった。友人に相談したところ、「それってモラルハラスメントじゃない？　離婚も考えてみた方がいいかもしれないよ。一度弁護士さんに相談してみたら？　知り合いの神坂浩次朗弁護士を紹介するから」と言われた。

そこで春美は、思い切って神坂弁護士のもとを訪れた。令和5年の9月のことだった。

春美は、神坂弁護士に、夫との関係で悩んでいることを相談した。神坂は、春美の話を、ときおり質問を交えながら、聴き取った。

一通り春美が胸のうちを話すと、神坂は「旦那さんがされていたことは、モラルハラスメントですね。これまでたいへん辛い思いをされてきたことでしょう。このままでは、春美さんは、本当に壊れてしまうかもしれません。まずは、実家に戻って別居した上で、これまでのことを見つめ直し、これからのことを考えてみてはいかがでしょうか。その際には、旦那さんと離婚をすることも検討した方がいいと思います」と言った。

そこで、春美は、神坂弁護士のアドバイスを受けて、令和5年10月15日に涼太を連れて、実家に戻った。夫から「戻ってきて欲しい」とのメールが何通も来たが、春美からは、一切返事はしなかった。

別れて暮らしていると、気持ちがずいぶんと軽くなった。頭痛や不眠の症状もおさまってきた。夫と一緒にいることで、自分がどれほど大きなストレスを受けていたのかがよくわかった。離婚した後の生活についても自分の収入と養育費を考えれば、何とかなりそうだ。

春美は離婚を決意した。ただ、養育費については、夫にきちんと支払いの約束をしてもらって、確実に払って欲しいと思った。

春美が神坂弁護士に、現在の状況や自分の気持ちを伝えると、神坂から、「春美さんの場合、離婚調停をやってみるのがよいかもしれませんね」と調停の申し立てをすすめられた。

「え？　離婚調停って何だろう？　どうすればいいのだろう？」

そこで、春美は神坂弁護士にいろいろと離婚調停について質問をした。

（この物語は、6章「離婚調停物語」に続きます）

1

章

知っておきたい離婚調停の基礎知識

1 離婚調停って何？

Q そもそも、離婚調停とは何ですか？

A 離婚調停とは、離婚やそれに関係することが問題になったときに、家庭裁判所で、調停委員という公平中立的な立場の人を間に入れて行なわれる話し合いのことです。
離婚には、協議離婚、調停離婚、裁判離婚がありますが、離婚調停によって離婚が成立した場合の離婚を調停離婚と言います。

(1) 協議離婚、調停離婚、裁判離婚

夫婦で、離婚について話し合いをしてまとまれば協議離婚となりますが、夫婦だけでまとまらなければ、離婚調停を起こす必要があります。調停で話し合いがまとまれば、調停離婚となり、それでもまとまらなければ、離婚したい側は、離婚裁判を起こさなければなりませ

ん。離婚裁判で、裁判所が「離婚理由がある」と認めれば、裁判離婚となります。裁判所の統計では、協議離婚が90％近く、調停離婚が10％弱、裁判離婚が１％程度となっています。離婚のほとんどが協議離婚なのです。

離婚調停は、協議では離婚がまとまらないときに、次のステップとしてなされるという位置づけにあると言っていいでしょう。ですが、当事者間の話し合いがまとまっている場合にも、**「相手に約束を守ってもらうため」**に調停を活用することができます。

⑵ 調停とは

調停の基本は話し合いです。この点は、協議と同じです。調停が行なわれる場所は、家庭裁判所ではありますが、裁判官が「離婚せよ」と判断を示して、争いを解決してくれるわけではありません。自分と相手方との間で、合意ができなければ解決には至らないのです。言い方を変えると、自分が「ＹＥＳ」と言わない限りは、何かが決まるということはありません。

話し合いといえば、自分と相手といった二人の当事者間での話し合いを思い浮かべることでしょう。しかし調停は、二人の当事者の間に中立的な立場の第三者が入って、話し合いを進め、合意ができないかを調整していく点に特徴があります。

自分と相手といった二人だけの話し合いでは、お互いに感情的になって言い争いになり、問題が解決しないことがよくあります。とにかく、相手の言うことは信用ができない、相手と顔を合わせるのも嫌ということもあるでしょう。そのようなときに、間に中立的な第三者が入ることで、話し合いがスムーズに進むことがあります。

自分の言い分と相手の言い分を、第三者が調整して合意に至ることもあれば、第三者が解決案を考えて両当事者に提案し、当事者がその解決案に同意して解決することもあります。離婚調停を含めた家事調停は、家族に関する問題について、家庭裁判所という場所で、家庭裁判所から選任された家事調停委員と裁判官が間に入って、話し合いが行なわれるという点が特徴です。

離婚したいと思って裁判をしようとしても、「まずは調停をやってください」とされて、いきなり裁判にはできません。離婚については、訴訟を提起する前に調停を経なければならないとされています（**調停前置主義**《ちょうていぜんちしゅぎ》）。これは、離婚を含む家庭に関する問題について、いきなり訴訟手続きによって公開の法廷で勝ち負けを争わせることは望ましくなく、まずは調停の中で、当事者間の話し合いで円満に解決できないかを、法が求めているのです。

2
離婚調停はどんなときに使うの？　使えるの？
——揉めていなくても使える！

Q 離婚調停って、離婚について揉めているときにやるものですよね？

A いえいえ、そうとは限らないのですよ。揉めていなくても、調停は使えるのです。離婚調停は、揉めていなくても「約束を守ってもらうために」利用することができるのです。

離婚調停をする主な場面は、離婚したいけれど、相手が話し合いに応じてくれないなど、離婚の条件で折り合いがつかないといった、夫婦だけでは話がつかない場合です。

離婚調停では、自分と相手だけでは、揉めてしまって話し合いがつきそうになくても、調停委員の調整によってまとまることも多いのです。

このように、調停は第一には、当事者間では話し合いがつかずに、「揉めているとき」に使うものです。

しかし、裁判所の「離婚調停」は、「揉めているとき」だけにしか使えないものではありません。揉めていなくても、お互いの合意がすでにできている場合でも使えます。

離婚それ自体は、二人が離婚届に署名押印して役所に提出すれば、ある意味簡単に成立してしまいますが、離婚をする際には、子どもがいるときには養育費や面会交流、財産分与や慰謝料が問題となる場合があるなら、そのことについてもきちんと決めておく必要があります。

きちんと約束を決めておかなかったために、養育費や財産分与を払ってもらえずに生活が困る方も多いのです。

そこで、協議離婚の場合、単に離婚届を出すだけではなく、養育費や財産分与を取り決めた離婚協議書を作成することが望ましいのですが、この離婚協議書の内容を、裁判所で作成する調停調書という公の書類に残しておくとさらに安心です。

調停で、当事者の間で合意が成立すると、裁判所の関与の下に調停条項がつくられ、調停調書という書類がつくられます。そして、この調停調書には、裁判で裁判官が下した判決と同じ強い力があります。

つまり、調書に書かれた約束、たとえば、「相手方は、申立人に、財産分与として、金

100万円の支払義務のあることを認める」という条項が調停調書に記載されたときに、もし相手が約束どおりに100万円を支払わなかったら、申立人は、この調書をもとに、相手が持っている財産に強制執行ができるのです。会社に勤めている人であれば、給料の差し押さえもできます。勤めている人にとって、「きちんと約束を守らなければ、給料を差し押さえられるかもしれない」というのは、強力なプレッシャーとなります。

このように、調停調書に記載された約束は特別なものとなります。約束をした側は、強制執行されたくないので、調停で約束したことは守ろうとします。

こうした調停調書の力を利用して、揉めているわけではないけれど、相手に約束をきちんと守ってもらうために、調停を活用するということもできるのです。

約束を、調停調書の形で残しておくことで威力があるのが、とくに**養育費の支払いの場合**です。

(1) 将来の養育費についても差し押さえができる

養育費については、一度給料の差し押さえをすれば、その後の養育費についても、給料が支払われるたびに、相手方の勤め先の会社を通じて回収することができます。

普通の請求権は、請求が期限にかかるときは、その期限が来ないと強制執行をすることはできません。

たとえば、来年の3月31日に支払期限が来る100万円の貸金請求権を持っていても、来年の3月31日を過ぎなければ、強制執行をすることができないのです。

ところが、養育費については法律上特別扱いされていて、一度給料を差し押さえてしまえば、まだ期限が来ていない将来のものについても差し押さえの効力が及びます。

(2) 給料の差し押さえの範囲が2分の1

さらに、給料の差し押さえの範囲についても、養育費は特別扱いされています。

給料は、もらう人にとっては生活の糧となるものですから、お金を払ってもらう側が、全部を差し押さえて回収できるわけではありません。法律で、普通のお金の請求権は、差し押さえることができるのは、給料の4分の1までとされています。ところが、養育費については、**給料の2分の1**まで差し押さえることができるのです。

養育費については、相手が支払ってこなくなったという相談をよく受けます。その際に、「養育費の取り決めはしていましたか?」と質問をすると、きちんと書面で取り交わしていたという方は少なく、養育費支払いの約束はしたけれども、口約束だけだったというケースが多いのです。

離婚する際は、相手が「養育費はきちんと○○円支払う」と約束してくれるので、大丈夫かと思われるかもしれませんが、将来のことはわかりません。口約束だけでは不十分です。養育費支払いの約束を、調停調書の中できちんと形にしておくと安心です。

3 離婚調停の登場人物

Q 離婚調停では、どんな人が出てくるのですか?

A 離婚調停では、調停委員、裁判官、裁判所書記官、場合によっては、家庭裁判所調査官が登場します。

(1) 調停委員会

調停に際して、表立って当事者の間に入って調整する人は調停委員ですが、背後に裁判官がいて、調停委員2名と裁判官とで、「調停委員会」という合議体がそれぞれの事件単位で、組織されます。離婚調停の場合は、家庭裁判所裁判官、あるいは家事調停官1名と一般の人から選ばれた調停委員2名の合計3名が、調停委員会を組織して調停事件を担当します。裁判官や家事調停官が、調停に立ち会うこともありますが、多くは、調停委員2名が立ち会って、裁判官は別室に控えています。

①家事調停委員

調停委員は、調停に一般市民の良識を反映させるため、社会生活での豊富な知識経験や専門的な知識を持つ人の中から選ばれます。民間企業を定年退職した人、公務員ＯＢなどとさまざまです。年齢層は比較的高く、人柄は穏やかな感じの方が多いようです。

調停委員になるのは、自薦、他薦とありますが、裁判所で、調停委員にふさわしい人かどうか、書類や面接で審査されます。調停委員には、誰でもなれるわけではありませんが、法律の知識は問われません。年齢は、40歳以上70歳未満とされています。離婚調停は、男性の調停委員1名、女性の調停委員1名の組み合わせで行なわれています。

②裁判官・家事調停官

調停は、調停委員2名で進行していきます。調停の進め方や調停案を検討する際には、裁判官を交えて評議を行ないます。裁判官は、同時に多くの調停事件を抱えているので、立ち会いはせず、具体的な聴き取りや調整は調停委員に任せて、必要に応じて調停委員と評議を行ない、ときどき調停に立ち会うというやり方をとっていることが多いようです。

調停による話し合いの結果、当事者間で合意ができたときは、裁判官が登場して調停条項を読み上げ、調停の成立が確認されます。合意に至らず、調停が不成立となる場合も、裁判官が登場して、不成立が宣言されて調停が終了します。

このように、裁判官は基本的に、立ち会いは調停委員に委ねて、評議を通じて、調停に関与していますが、調整が難しい場合には、裁判官が立ち会うこともあります。調停委員だけの調停では、なかなか調停が前に進まなくなったとき、裁判官が調停に立ち会うと、進行に締まりが出て、調整が進むこともあります。

そこで、調停委員だけでは調停が前に進まない場合には、**「裁判官に調停に立ち会ってもらいたい」**と、調停委員に対して要望してみるのもひとつの手です。これで、実際に裁判官に立ち会ってもらえるかどうかはわかりませんが、そのような要望が出たことは裁判官に伝わり、調停を前に進めるための評議はしてくれるはずです。調停委員の背後には、裁判官がいるということを意識しておくとよいでしょう。

家事調停官は、5年以上の経験のある弁護士の中から、最高裁判所によって任命される非常勤裁判官です。家事調停官は、調停においては裁判官と同じ権限を持っています。

(2) 家庭裁判所調査官

離婚調停では、子どもの親権や面会交流が争点になると予想される場合には、家庭裁判所調査官が入ることもあります。

離婚調停は、単なる法律問題ではなく、家族の人間関係を取り扱います。人間関係の解決のためには、心理学、社会学等の人間関係学の専門的知識を活用して、事実の調査を行ない、後見的なアプローチをすることが望ましいところです。そこで、人間関係学の専門的知識を有する家庭裁判所調査官が調停に加わるのです。

調査官の主な仕事は、調停における「事実の調査」と「調停期日での立ち会い」です。「事実の調査」とは、子どもの親権や面会交流が争点になったときに、当事者から子の過去及び現在の監護状況を聴いたり、直接子どもと会って、子の様子を見たり、子の意向や心情を調査したりした上で調査報告書をまとめ、裁判官宛に意見を出したりします。調停委員会は、調査官が取りまとめた調査内容や意見を参考にして、調整を図ることになります。

調査官が取りまとめた調査報告書の「調査官の意見」が、どのようなものになるかは、とても重要です。というのは、裁判官は、調査官の意見を重視するからです。

「調停期日での立ち会い」では、当事者から、子に対する監護状況や子の様子を聞き出し、当事者間の心理的葛藤を受け止めながら、専門的な知見を活用して葛藤の緩和を進め、調整を行なっています。

(3) 裁判所書記官

裁判官と同様に、調停に立ち会うことはあまりありませんが、調停手続きを支える重要な役割を持っています。

調停に関する裁判所書記官の具体的な仕事内容は、家事事件の手続案内、申立の受付、当事者からの事情聴取、調停期日の呼び出し、調停経過の記録、調停調書の作成や交付です。

調停期日では、調停が成立したときや不成立のときに立ち会います。続行期日の調整を行なうのも書記官の仕事です。

4 協議離婚と調停離婚の違い

Q 協議離婚と調停離婚とでは、何が違うのですか？

A

どちらも夫婦の話し合いを通じて、合意によって離婚が成立する点では同じです。違うところは、協議離婚は離婚届を役所に提出することで離婚が成立するのに対して、調停離婚は家庭裁判所の調停を経て調停が成立し、離婚について調停調書に記載されたときに、離婚が成立する点が違います。

そして、調停調書で定められた約束は、約束を守らなかったときに強制執行ができるという強い効力がある点で、単に離婚届を提出した場合と大きく異なります。

⑴協議離婚は、離婚届だけで成立するが、調停離婚は、家庭裁判所での手続きを経て、調停を成立させる必要がある

協議離婚は、離婚届用紙に必要事項を記載し、夫婦それぞれが自署・押印し、役所に届け出をすれば、あっさり成立します。

協議離婚と言いますが、直接顔を会わせて話し合いをする必要はなく、別居した後に、相手に離婚届用紙を送って、署名押印をもらうだけでもかまいません。役所に届け出をするときは一人でもいいのです。

これに対し調停離婚は、家庭裁判所を舞台にした手続きなので、家庭裁判所に出席する必要がありますし、一定の書類を提出し、手数料を納める必要があります。

⑵協議離婚の場合は、夫婦間の話し合いによる離婚であるのに対して、調停離婚では、調停委員会という中立的な第三者が間に入って話し合いが行なわれる

協議離婚も調停離婚も、ともに話し合いを通じた合意による離婚である点では共通しています。裁判離婚と違って、第三者によって、強制的に離婚させられるわけではありません。

このように、協議離婚も調停離婚も「話し合い」がベースになっているのですが、協議離婚の場合、通常、夫と妻の二人の当事者で話し合いを経てなされるのに対して、調停離婚の

場合には、調停委員会という中立的な第三者が間に入って話し合いが行なわれる点が大きく違います。

中立的な第三者が間に入ることで、当事者間の話し合いに、公正性が担保されることになります。

自分の言っていること、相手の言っていることの妥当性も吟味され、一方的にどちらかに有利・不利な解決にはならないことが期待できるのです。

たとえば、夫から「自分が生活していくのに精いっぱいで、子の養育費は支払えない」と言われているとき、自分としては養育費を払ってもらいたいと思いつつも、夫から強い態度に出られて、それも仕方がないのかなという思いに傾いても、中立的な第三者が入ることで、自分の言い分を伝え、養育費の支払いについて促してもらえることができるでしょう。

また、第三者が間に入っていることから、当事者が同じ部屋で一緒に話し合うやり方（同席調停）の他に、第三者が当事者それぞれから交互に話を聴いていくというやり方（別席調停）もできます。

そのため、「相手と顔を会わせたくない」と希望すれば、交互に話を聴いていくやり方で調停が進み、顔を合わせないまま調停を成立させることができます。

(3) 調停の中で、養育費や面会交流、財産分与、慰謝料、年金分割についても決めることができる

離婚届には、未成年の子どもがいる場合には、親権者がどちらになるのかを書く必要があります。養育費、面会交流についての約束、財産分与や慰謝料についての取り決めは、取り決めがあるのかが確認され、ない場合には取り決めることを推奨はされますが、離婚届出の条件ではありません。

そこで、養育費や面会交流等の点をきちんと約束して、書面に残しておきたいのであれば、別途、「離婚協議書」を作成しておく必要があります。

さらに、この約束を、強制執行ができるものにしておくためには、単なる離婚協議書ではダメで、「強制執行認諾文言付き公正証書」の形で、離婚協議書を作成しなければなりません。

離婚調停では、申し立ての際に、養育費や面会交流、財産分与、慰謝料、年金分割についても合わせて調停の土俵に乗せて取り決めをすることができます。

(4) 約束に違いがある〜調停離婚で決めた約束には、強い力がある

調停の中で、当事者双方の間で合意ができたとき、合意の内容が調停調書の中に記載され

ます。

もし、相手方が調停調書に書かれた支払約束を破った場合は、申立人は、相手方の財産を差し押さえができるのです。

協議離婚の約束については、このような強い力はありません。

(5) 戸籍の記載の仕方が違う

離婚届が受理されると、夫婦は別の戸籍となり、離婚したことが記載されます。協議離婚の場合、協議と記載されるのに対して、調停離婚の場合は、「調停離婚」と記載されます。この「調停離婚」という記載を避けるために、調停の席上で、離婚届にお互いが署名押印して一方が役所に提出するというやり方があります（もっとも、裁判所が認めない場合もあります）。

(6) 離婚届の意味合いが違う

調停離婚の場合も、調停が成立した後、役所に調停調書を付して離婚届を出す必要があります。

しかしながら、調停調書があれば、離婚届に相手の署名押印は不要です。協議離婚の離婚届は、まさにその届けが受理されたときに離婚が成立しますが、調停離婚の場合は、調停調書が作成されたときに離婚が成立します。調停離婚の離婚届は、戸籍を変えるための報告的な意味合いにとどまります。

5 離婚調停と離婚裁判の違い

Q 離婚調停と離婚裁判とでは、何が違うのですか？

A 一番大きな違いは、調停はお互いの合意がない限り離婚が成立しないのに対して、裁判では、被告が「離婚したくない」と拒否していても、裁判上の離婚原因が認められれば、判決によって離婚が成立する点です。離婚したい側としては、相手が離婚に「NO」と言っても離婚ができ、離婚したくない側にとっては、離婚は嫌だと思っていても、離婚を強制されることになります。

調停も裁判も、家庭裁判所で手続きが行なわれ、裁判官が関与する点では同じです。また、調停が成立した場合の調停調書が、裁判の判決書と同じように強制執行ができる点も同じです。

しかしながら、調停と裁判では、いろいろと違いがあります。

(1) 話し合いによる解決か、裁判官の判断による解決かの違い

調停が、あくまで話し合いであるのに対して、裁判は、当事者が出した主張と証拠に基づき、法にのっとって、裁判官による法的な判断が下されるという点が大きく異なります。

離婚について原告が離婚したい、被告が離婚したくないと争っているときに、証拠によって、法律上の離婚原因があると裁判官が判断すれば、「原告と被告は離婚する」という判決が出て、離婚が決まってしまうのです。

(2) 弁護士をつけた方がいいのかどうかの違い

離婚裁判では、裁判所に出した主張や提出した証拠によって、勝ち負けが決められてしまいますし、手続きが厳格で、専門的な知識も必要ですから、法律上必須ではありませんが、弁護士をつけた方がいいでしょう。

他方で、離婚調停の場合には、事案にもよりますが、最終的には合意するかしないかは自分に委ねられていること、手続きも厳格ではないことから、弁護士をつけなくても対応することは可能です。

もっとも、調停でも弁護士をつけた方が結果として有利になることもあり、心理的にも楽になるので、まずは弁護士にご相談ください。

(3) 公開か非公開かの違い

離婚裁判は、公開の法廷で審理が行なわれるのに対して、離婚調停は、非公開の調停室で行なわれます。

離婚といった夫婦間の問題は、できれば他人の目にさらしたくないところでしょう。調停であれば、秘密裡に話し合いを進めることができますが、裁判の場合には、他人の目にさらされる可能性があります。

(4) 相手が欠席した場合の違い

離婚調停は、呼び出しても相手が出席しない場合、調停は不成立となります。そこで、次は、離婚裁判を起こすしかありません。

これに対して離婚裁判では、被告である相手が出席しない場合には、原告が提出した証拠によって審理が行なわれて判決が下されます。ですから、被告である相手が欠席した場合でも、裁判によって離婚することができるのです。

(5) 調停が成立すると終局的解決だが、裁判の判決だと控訴される可能性がある

離婚裁判で判決が出された場合、その結果に不服がある当事者は、高等裁判所に控訴することができますが、離婚調停で合意が成立した場合には、後で不服申し立てをすることはできません。

(6) 裁判官の関与の仕方が違う

裁判官が関与する点では、調停も裁判も同じですが、調停では、裁判官が前面に出ることはあまりなく、調停委員の背後にいて、評議を通じて、当事者間の話し合いを調整します。他方で、裁判では、裁判官自身が前面に出て、訴訟の進行を取り仕切り、和解がまとまらなければ最終的な判断を下します。

(7) 口頭でのやりとりが主か、書面のやりとりが中心かの違い

調停では、当事者は調停委員に対して、じっくりと時間をかけて、具体的な事情を話していきますが、裁判では、書面でのやりとりが主になり、当事者が裁判官に対して、直接話をする機会はあまりありません。

(8) 申し立てができる裁判所の違い

調停も裁判も、家庭裁判所で行なわれますが、調停の場合には、「相手方の住所地か、当事者が合意した住所地を管轄する家庭裁判所」であるのに対して、裁判の場合には、「原告または被告の住所地」となっています。

(9) 裁判所に納める費用の違い

離婚調停では、印紙代1200円であるのに対して、離婚裁判では、最低1万3000円と高くなります。さらに、裁判では弁護士をつけた方が望ましいので、その弁護士費用もかかることになります。

協議離婚・調停離婚・裁判離婚の比較

	協議離婚	調停離婚	裁判離婚
離婚の決まり方	当事者の合意による	当事者の合意による	裁判官の判断による（ただし和解の場合は当事者の合意による）
解決の方法	話し合い	第三者を交えた話し合い	裁判官の判断
中立公平な第三者の関与	当然にはない	調停委員会（裁判官・調停委員）が関与する。また家庭裁判所調査官が調停に関与する場合もある	裁判官が関与する
場所	場所的な限定はない。離婚届を署名押印して役所に提出	家庭裁判所	家庭裁判所
離婚届の意味	離婚届によって離婚が成立する	戸籍に反映させるための報告的届出	戸籍に反映させるための報告的届出
離婚の成立時期	離婚届を役所に提出したとき	調停が成立して調停調書に記載されたとき	判決が確定したとき（和解の場合は和解調書が作成されたとき）
強制執行ができるか	当然にはできない。離婚協議書を強制執行認諾文言付きの公正証書の形で作成する必要がある	調停調書に基づき強制執行ができる	判決書・和解調書に基づき強制執行ができる
費用	原則かからないが、離婚協議書を公正証書で作成する場合には数万円かかる	弁護士に依頼しなければ、調停費用の数千円ですむ	訴訟費用と弁護士に依頼した方がよいため、弁護士費用がかかる

⑽ 手続きが緩やかか厳格かの違い

離婚裁判では、当事者の意思にかかわらず、裁判所が強制的な判断をすることから、法律で当事者が何をすべきか、裁判所は何をすべきかが事細かに決められています。

これに対して離婚調停では、裁判所から強制されることはなく、当事者の合意がなければ離婚は成立しないことから、法律上一定の手続きはあるものの、裁判ほど厳格ではありません。

6 こんなにある！　離婚調停のメリット

Q 離婚調停のメリットって何ですか？

A 離婚を話し合いで決めるときに、協議離婚か調停離婚かを選べますが、調停離婚は協議離婚と比べると、いろいろとメリットがあります。

(1) 相手が話し合いに応じてくれないときに、相手を話し合いの場につかせることができる

話し合いで離婚しようと思っても、相手が話し合いに応じてくれないことがあります。

そのようなときに、調停を活用すれば、相手を話し合いの場につかせることができます。離婚調停の申し立てをすると、調停申立書とともに、家庭裁判所から相手に、「○年○月○日の○時に調停がありますから、裁判所に来てください」と呼び出しの通知が送付されます。裁判所からこうした呼び出しがかかると、それを無視する人はほとんどおらず、多くの人は来てくれます。

そこで、相手が話し合いに応じてくれないようなときに調停を利用することで、相手を話し合いの場につかせることができるのです。

(2) 冷静に話し合いを進めることができる

離婚問題を夫婦二人だけで話し合おうとしても、お互いにどうしても感情的になって、冷静に話し合いができないことも多いでしょう。そのようなときに、信頼できる中立的な第三者に入ってもらえば、冷静に話し合いを進めることができます。

また調停では、調停委員が当事者双方の言い分を聴いた上で、「何が問題なのか」「言い分

のどの部分が食い違っているのか」を整理してくれます。

当事者だけの話し合いでは、何が問題なのかが見えずに、話し合いが空転していたのが、調停では、問題点が見えることによって、冷静に話し合いが進むのです。

(3) 離婚したい気持ちが本気であることを、相手に伝えることができる

相手から離婚したいと言われても、離婚したくない側にとっては、相手の離婚したい気持ちが本気なのかどうかがわからないことがあります。「夫婦げんかで、今は離婚したいと言っているが、そのうち落ち着くだろう」などと考えたりします。

そのようなときに、離婚したい側が離婚調停を申し立てれば、離婚したい気持ちが本気であることを、相手に伝えることができます。

(4) 相手と直接顔を合わせなくても離婚の話し合いができる

相手から暴力を振るわれていたりして、相手を怖く思ったり、相手の顔を見ると、言いたいことが言えなくなってしまうという場合もあるでしょう。

そのようなときに、離婚調停を活用して、相手と顔を合わせたくないと希望すれば、当事者双方が同席するのではなく、調停委員が、申立人・相手方から交互に話を聴き、一方の当

事者の話を要約して、他方の当事者に伝えていくという調停の進め方をしてくれます。つまり、相手と直接顔を合わせることなく、離婚についての話し合いができるのです。

(5) 自分の請求が妥当なものか、裁判所の考えも聞ける

当事者だけの話し合いでは、自分の言っていることが、はたして妥当なものなのかどうかがよくわからず、不安になることもあるでしょう。また、相手が言っていることが正当な要求なのか、よくわからないこともあります。

調停では、当事者双方の意思を尊重しますが、同時に、調停委員会の考えを聞くこともできます。

調停は、裁判所で行なわれ、裁判官が関与がする手続きですから、完全に当事者の意思に委ねることをせずに、法的にも公正で妥当な結論になることを目指しています。

裁判所の考えを知りたいということであれば、調停案を出してもらうという方法もあります。調停案は、当事者双方の言い分を前提にして、調停委員会で、妥当な解決は何かについて評議がなされ、決められた解決案ですから、まさに裁判所が妥当と考えている解決案なのです。

(6) 相手が開示しない財産について、裁判所の力を借りて調査ができる

財産分与が争点になるとき、相手がどれだけの財産を持っているかの把握は大切ですが、当事者だけで話し合いをしているときに、相手に財産開示を求めても、相手が持っている財産を明らかにしないこともよくあります。

離婚調停では、財産分与について協議をする際には、調停委員会から、当事者双方に対して、保有している財産について明らかにするように求められます。調停委員会から、「財産について明らかにしてください」と言われれば、多くの方は、素直に財産開示をします。

このように、離婚調停では裁判所の力を借りて、相手が開示しない財産について調査ができます。

(7) 家庭裁判所調査官に調査してもらえる

子の親権や面会交流について争いがある場合には、家庭裁判所調査官が、環境調査や子の意向調査を行なうことがあります。社会学や心理学の専門家である家庭裁判所調査官が、子の幸せのためには、どのような結論が望ましいか、調査の上、裁判官宛の報告書を作成します。離婚調停には、家裁調査官の意見を聞くことができるというメリットもあります。

(8) 調停で決めた約束は守られやすい

調停で決めた約束は、裁判所という公の場所で、裁判官や調停委員という公的な立場の人の前での約束であり、また調停調書という公的な書類に記載される約束ですから、守られやすくなります。

(9) 調停で決めた約束を相手が守らなかったときは、強制執行できる

協議離婚の場合には、相手が約束を守らなかったとき、強制執行をすることはできません。強制執行ができるようにするためには、公証役場で、離婚協議書を「強制執行認諾文言付き公正証書」の形でつくる必要があります。

これに対して、離婚調停の場合には、調停が成立すれば調停調書が作成され、強制執行ができる強力な書類を手に入れることができるのです。

7

離婚調停のデメリットも知っておこう

Q 離婚調停には、デメリットはないのでしょうか？

A 離婚調停にも、デメリットや限界はあります。協議離婚より心理的な抵抗があることや、手間がかかることがあります。

(1) 一定の手続きが必要で、手間と時間がかかる

夫婦の間で、離婚についての同意がある場合、離婚届を役所に提出すれば、それだけで簡単に離婚は成立します。

これに対して離婚調停の場合は、家庭裁判所の手続きですから、「調停申立をして、期日指定を受けて、期日に出席して、調停成立」というプロセスを経て、初めて離婚が成立します。比較的簡単とはいえ、調停申立書等の書類を作成する必要もあります。

調停期日は、平日の日中に開かれますから、平日に仕事をなかなか休むことができない方にとっては、辛いところです。

時間についても、1回の調停でかかる時間は1時間から2時間程度ですが、申し立てから最初の期日が入るまで、1か月程度はかかります。

さらに、揉めている場合には、1回で成立することは少なく、2、3回は裁判所に行かなければならないことが多いでしょう。仮に1回で成立するとしても1か月以上、2、3回の期日がかかる場合には、3か月程度の時間はかかってしまいます。

(2) 家庭裁判所に行くということで、心理的な抵抗がある

離婚調停は、揉めているときだけではなく、揉めていなくても、約束をきちんと公の書類に残しておくという趣旨でも使えるのですが、多くの人のイメージとしては、「離婚調停」=「離婚で揉めている」という感覚ではないでしょうか。

「離婚で揉めている」というイメージが嫌な方には、離婚調停をすることに心理的な抵抗があるでしょう。また、家庭裁判所という場所に行くということにも、心理的な抵抗がある方が多いようです。

このような「心理的抵抗感」も、離婚調停のデメリットと言えるかもしれません。

(3) 戸籍に「調停による離婚」と残る

離婚が成立した場合、戸籍に記録が残りますが、調停によって離婚をした場合には、「調停による離婚」と、戸籍に記載されます。この記載をネガティブにとらえれば、この点も離婚調停のデメリットと言えるでしょう。

(4) 調停で必ず結論が出るとは限らない

調停は話し合いですから、どうしても話し合いがまとまらずに、結論が出ない場合もあります。自分が、相手と強く離婚したい、また相手に暴力や不貞といった離婚事由がある場合であっても、相手が離婚に同意しない場合には、裁判所からも離婚を強制することはできず、調停離婚は成立しないのです。

他方で、離婚裁判の場合は、判決で「原告と被告とは離婚する」というように、裁判所が、離婚事由があると判断すれば、被告が「離婚したくない」と思っていても強制的に離婚を決めてしまいます。

調停を続けても合意ができる見込みがない場合には、早期に調停を打ち切って、裁判に切り替える方が、時間や労力の点でよいこともあります。

(5) 調停委員には当たりはずれがある

多くの調停委員は、人柄もよく勉強熱心で、じっくり話も聴いてくれるのですが、残念ながら、中には自分自身の価値観を押しつけてくる調停委員や、相手の言い分を鵜呑みにして、こちらの言い分にあまり耳を傾けてくれない調停委員もいるようです。運悪く、そのような調停委員に当たるかもしれません。

それでも調停では、調停委員は何かを強制することはできませんから、調停委員が何を言おうと、納得できなければ「ＮＯ」と言って拒否することができます。このことは常に念頭に置くとよいと思います。

8 離婚調停の流れ

Q 離婚調停は、どのような流れで進んでいくのでしょうか?

A 大まかに言うと、家庭裁判所に調停の申し立てをして、何回かの調停期日を行ない、そして調停がまとまれば成立となり、調停調書を作成して終了、まとまらなければ不成立で終了、といった流れになります。

その1　調停申立から第1回調停期日まで

(1) どこの裁判所に申し立てるのか？

離婚調停は、家庭裁判所に調停の申立書を提出することによって始まります。

どこの家庭裁判所に申し立てをすればいいかは、家事事件手続法という法律で、①相手方の住所地の家庭裁判所、または②当事者が合意で定める家庭裁判所とされています。

ですから、自分の住所も相手の住所も同じ地域なら、最寄りの家庭裁判所に申し立てをすれば大丈夫です。もし自分が、相手と一緒に住んでいたところを出て、違う地域に住んでいる場合には、二人で一緒に住んでいた地域の家庭裁判所に申し立てをしなければなりません。

たとえば、二人で一緒に東京都に住んでいたが、自分が家を出て、実家の仙台市に戻り、現在はそこで暮らしているという場合には、仙台家庭裁判所ではなく、相手がいる東京家庭裁判所に申し立てをする必要があります。

それでは不便だということで、相手が、仙台家庭裁判所でもよいと同意してくれる場合には、仙台家庭裁判所で調停をすることができます。

相手が遠方に居住している場合には、電話会議という方法もあります。相手に事前に同意してもらうために、調停を実施する裁判所はこちらでも、相手には最寄りの家庭裁判所に出向いてもらって、電話あるいはテレビで調停に参加できることを伝えておくとよいでしょう。相手の同意が得られれば、申立書を提出する際に、最寄りの家庭裁判所に「管轄につき、相手の同意があります。相手は電話会議で出席予定です」とメモをつけて出しましょう。

相手が同意してくれない場合や相手に連絡を取りたくない場合は、遠方の相手居住地域の家庭裁判所に郵送で申し立てをしつつも、こちらが電話もしくはテレビで調停に参加できるかもしれません。申し立て予定の家庭裁判所に、可能かどうかを事前に問い合わせしてみてください。

(2) 申立書の作成

離婚調停の申し立ては、口頭ではなく、家庭裁判所に調停申立書という書類を提出することによって行ないます。

そこで、調停申立書を作成する必要がありますが、それほど難しいものではありません。調停申立書のひな形は、家庭裁判所の窓口に備えつけてありますし、書き方の見本もあります。また、裁判所のホームページには、書式や書き方の説明や見本も掲載されています。書き方については、見本を見れば、ある程度は一人でもできますし、本書の3章を参照してください。また、家庭裁判所窓口の職員にたずねれば、親切に教えてくれるはずです。

(3) 調停の申し立て

調停申立書を作成したら、戸籍謄本等の添付書類、印紙を貼りつけて、家庭裁判所に提出します。調停申立書については、控えを取っておきましょう。

(4) 調停を申し立てた後

調停を申し立てた後は、①調停委員の選任、②調停期日の決定と当事者の呼び出し、③調停期日の実施、④調停の成立・不成立という流れで進行していきます。

調停期日は、揉めていなければ1回で終わります。揉めている場合の多くは、何回か期日を重ねますが、3回程度で終わることが多いようです。また、1回あたりの時間は、2時間程度です。

①調停委員の選任

調停が申し立てられた後、裁判所において調停申立書を確認し、調停委員の名簿から、調停委員が選任されます。

②調停期日の決定と当事者の呼び出し

担当の調停委員が決まると、調停期日が決められます。調停を申し立てた申立人には、家庭裁判所から候補日時の打診がきますので、その中から出席できる日時を回答します。こうして、調停の期日と開始される時間が決められます。かかる時間は、2時間程度を予定していて、延長することもあるので、余裕を見ておいた方がよいでしょう。

相手方には、決められた調停日時について、「この日時で調停を行なうので、裁判所に来てください」と郵便で通知されます。その際には、調停申立書も同封されています。

相手方としては、こうして一方的に調停期日が決められることから、仕事などの都合で出席できない場合には、その旨を裁判所に伝えれば、裁判所書記官が、出席できる期日の日程を調整をしてくれます。

裁判官と調停委員は、調停期日前に申立書や添付の書類を読んで事案を検討し、調停をどのように進めるか等についての意見交換をします。申立書と事情説明書から、おおまかな情報を把握するので、申立書と事情説明書をどのように書くかは重要です。

その2　第1回調停期日から調停の終わりまで

(1) 第1回調停期日

当事者は、調停期日に家庭裁判所に出かけて、窓口で名前を告げて受付をします。そうすると、申立人の場合には、窓口の職員から、「申立人待合室でお待ちください」と案内されます。相手方の場合には、「相手方待合室」に案内されます。

つまり、申立人と相手方は、双方が顔を合わせなくてすむように、別々の待合室で、待つことになるのです。揉めている場合、一緒の部屋にいるのは、お互いに気まずいですからね。

待合室では、他の調停で待っている人もいることも多いでしょう。弁護士をつけている人は、弁護士と話をしていることもあります。

待合室で待っていると、調停委員から呼び出しがあります。調停委員は、当事者の方が緊張しているだろうと思って、リラックスしてもらうように、穏やかに接してくれることと思います。

離婚調停では、調停委員が申立人からまず話を聴き、その後に相手方から話を聴くというように、交互に話を聴いていくのが通常です。これを「別席調停」と言います。申立人→相手方→申立人→相手方と進んでいきます。おおむね、1回あたりの時間は30分程度ですが、それより短くなったり、長くなることもあります。

相手が調停室に入っているときには、待合室で待っているのですが、待っている時間が長くなるときもあります。待っている時間は、結構長く感じますし、調停室でどのような話がされているのか不安にもなるでしょうから、本などを持っていくといいでしょう。

調停は、「別席調停」で行なわれることが多いのですが、調停委員会から、手続説明等で、相手と同席で説明を受けることを求められることもあります。これを「同席調停」と言います。

相手と顔を合わせることが嫌な場合には、そのように調停委員に伝えれば、同席を無理強いされることはありません。

調停は、揉めていない場合には1回の期日で終わることもありますが、揉めている場合の多くは、2~3回の期日を要することが多いものです。1回目は、お互いの言い分を確認した上で、食い違っている点、争点が何かを整理します。そして、その争点に関して、必要な書類を次回期日に持ってくるように調停委員から依頼されるでしょう。

次の調停期日は、3~4週間後に入ることが多いようです。

(2) 2回目以降の期日

最初の調停期日で、調停委員から持参するように依頼を受けた書類は、できる限り準備して、持参するようにしましょう。書類を準備する際には、書類の控えを取っておいてください。

最初の期日で、相手の言い分も聞いたことと思います。それに対する自分の考えもまとめておきましょう。その上で、2回目の期日に臨みます。

2回目の期日も、初回と同様に、調停委員が当事者から交互に話を聴く形で進んでいきます。初回の期日で確認された争点について、当事者から提出された書類等を参照しながら、重点的に調整が進んでいくことになるかと思います。

2回目の期日で、合意が成立しない場合、今後の調整によって、合意が成立する可能性があると調停委員会が判断すれば、3回目の期日を入れることになります。

当事者の主張の調整だけでは、合意が成立する見込みがないが、調停委員会からの解決案（調停案）の提示で、合意が成立する可能性がある場合には、調停案が出されることもあります。

離婚調停の流れ

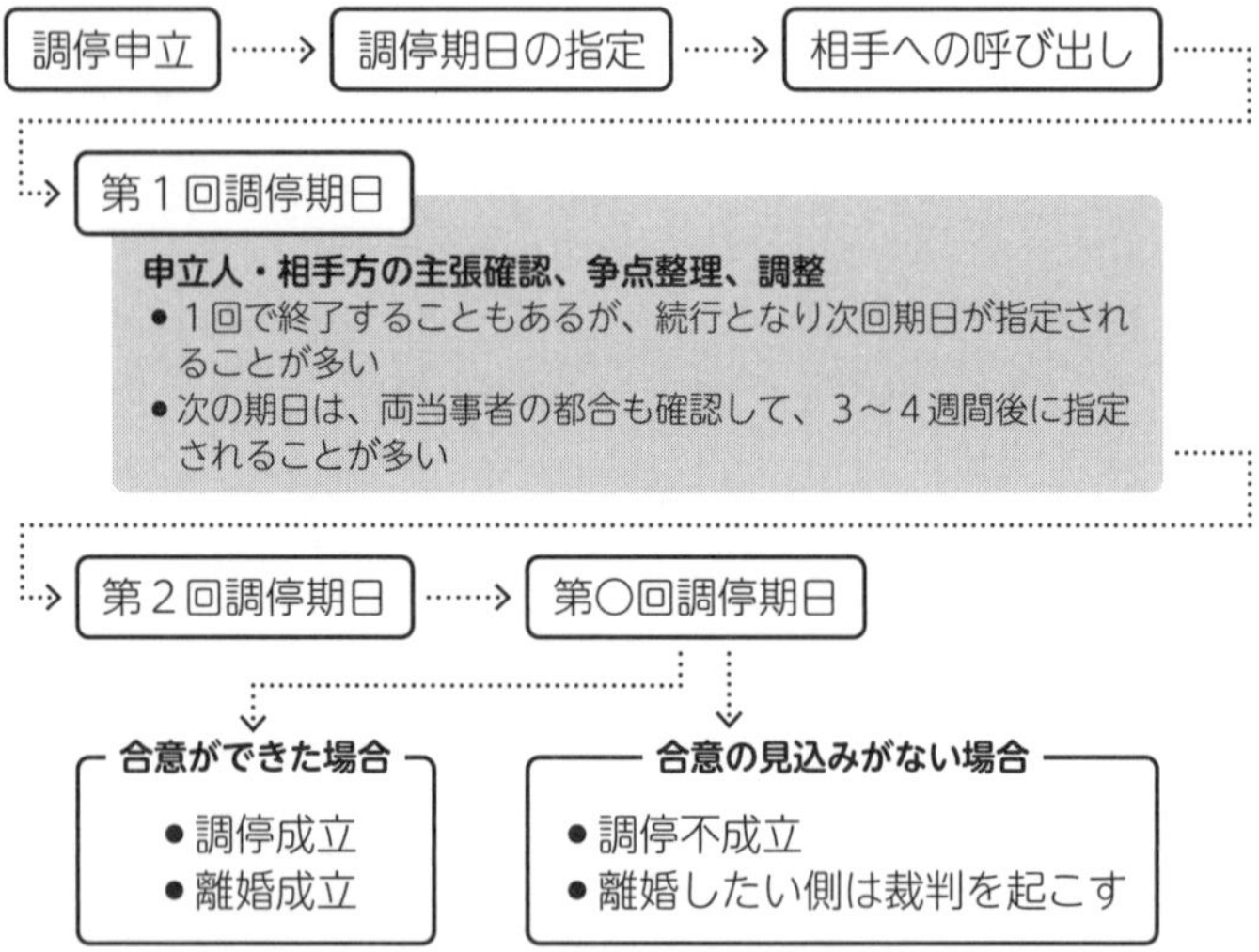
調停申立
調停期日の指定
相手への呼び出し
第1回調停期日
申立人・相手方の主張確認、争点整理、調整
●1回で終了することもあるが、続行となり次回期日が指定されることが多い
●次の期日は、両当事者の都合も確認して、3～4週間後に指定されることが多い
第2回調停期日
第○回調停期日
合意ができた場合
●調停成立
●離婚成立
合意の見込みがない場合
●調停不成立
●離婚したい側は裁判を起こす

(3) 調停の成立・不成立

争点についての調整、あるいは調停案について当事者双方が同意した場合、当事者間の合意内容が調停調書に記載されて、調停が成立します。

当事者の間で合意が成立すると、裁判官が調停条項を読み上げて、このとおりで間違いがないかを当事者に確認します。裁判官が読み上げる約束の内容をよく聞いて、少しでも疑問があれば、遠慮なく裁判官にたずねてください。

話し合いがまとまらず、これ以上、調停を続けても合意が成立する見込みがない場合には、「調停不成立」ということで、調停が終了します。

9 離婚調停に臨む際の心構え

Q 離婚調停では、どのようなことを話せばいいのでしょう。態度や服装、持っていくものなど、何か気をつけることはありますか？

A 調停は話し合いですから、自然体で臨めば大丈夫です。調停委員から質問をされますので、それに誠実に答えましょう。そして、自分の言い分を調停委員にしっかりと伝えることが大切です。服装は、普段着で大丈夫ですが、だらしない服装や派手な服装はやめておきましょう。

(1) 調停委員に何を話すのか

調停の最初の期日では、まず調停委員から、調停についての一般的な説明がなされます。

次に、申立人の場合、申し立ての内容について確認されることでしょう。

調停申立書の「申立ての趣旨」を参照しながら、自分が相手に対して、何を求めたいのかについて、しっかりと調停委員に伝えてください。離婚したいのであれば、「夫（妻）と離婚したいのです」と伝えて、その理由を、たとえば「夫が、暴力を振るうのです」等とつけ加えます。証拠となるような診断書や傷跡の写真などがあれば、それを見てもらうとよいでしょう。

私がおすすめしたいのは、これまで夫婦の間で起きた出来事について、紙に時系列で書き出しておくことです。その時系列でまとめた紙を見ながら、離婚したいと思った具体的な事実について、調停委員に伝えてください。

その他、子どもがいる場合には、親権や養育費、面会交流について、財産分与や慰謝料、年金分割を求めたい場合には、そのことについても伝えます。

養育費や慰謝料の金額が、具体的に言えるようであれば伝えてもいいのですが、相手の収入状況を確認した後に具体的な金額を希望するということで、とりあえず「相当額」と言っておいてもよいかと思います。

(2) 調停に持っていくもの

調停期日には、調停申立書や事情説明書、添付書類、また関係する書類があれば持っていきましょう。また、先ほどの時系列にまとめたメモ、筆記用具とノートも持っていくとよいかと思います。

調停委員が話したことや相手の言い分は、メモを取りましょう。調停委員が話したことがよくわからなければ、「すみませんが、もう一度言ってくれませんか」と言って、再度確認してください。

また、次回期日がある場合に備えて、手帳などのスケジュールがわかるものを持っていってください。それから、裁判所や相手方からの書類を受領する際に必要になるかもしれないので、念のために認印を持参してください。

(3) 調停委員に与える印象をよくしよう

服装については、それほど神経質になる必要はありません。スーツ等ではなく、普段着でも大丈夫ですが、だらしない服装や派手な服装は避けるのが無難です。

調停委員のご機嫌を取る必要はありませんが、調停委員も人ですから、よい印象を持たれると調停が進みやすくなります。

当事者としても、「調停委員はどのような人かな」と緊張するところですが、調停委員もまた、「どのような当事者だろう」と緊張しながら、調停に臨んでいます。そして、できれば当事者双方と信頼関係を築いて、円満に解決する調停を実現したいと考えています。

そこで、当事者としては、受け答えがきちんとしていること、礼儀正しいことが大切です。離婚問題を抱えている当事者としては、相手方の対応に、どうしても感情的になってしまうこともあるかもしれませんし、感情を無理に抑え込む必要もありませんが、調停委員に向かっては、できるだけ落ち着いて話をするように心がけてください。

(4) 調停委員に迎合する必要はない

調停委員が言っていることに、納得ができないからとむやみやたらに反発することは、おすすめしませんが、逆に、調停委員が言っていることだから、受け入れるしかないのだろうと、安易に迎合してしまうこともよくありません。

調停では、調停委員ではなく、当事者が主役です。合意をするのかしないのかを決めるのは、あくまでも当事者なのです。

調停委員の話をよく聞いた上で、納得ができなければ、その理由を伝えて、「NO」と回答してもいいのです。また、回答を留保して持ち帰り、弁護士に相談して、よく考えた上で回答してもかまいません。

COLUMN

調停に弁護士をつけた方がいい場合

裁判の場合には、手続きが複雑な上に、法律の知識を踏まえて、適切な主張や証拠を提出しないと、勝てたはずの裁判に負けるということにもなりかねないので、弁護士に依頼した方がいいのですが、離婚調停の場合は裁判と異なって、強制力はなく、負けるということはありませんので、費用との兼ね合いもあり、必ずしも弁護士をつける必要はありません。

なお、調停の途中で、自分だけでは手に負えないと感じたならば、途中から弁護士に依頼することも可能です。また、調停の前や調停の期日間に、弁護士に相談して、アドバイスを受けながら、調停自体は自分でやるという方法もあります。

調停で弁護士をつけた方がいい場合は、次のようなケースです。

①子の親権や面会交流について深刻な争いがある場合

親権については、父親か母親のどちらかが親権者となる、白か黒かの決定になります。

親権争いとなった場合、離婚調停の段階でも家庭裁判所調査官調査が入るのですが、その調査報告書がどのようになるかがとても重要になります。そして、調停が不成立となった場合には、その調査報告書が離婚裁判の証拠資料となるのが通常です。

この家庭裁判所調査官の調査結果が、親権を欲しい側にとっては、こちらで監護していくことが、子にとって望ましいという結果になるのが重要になってきます。

この点、家庭裁判所調査官にありのままを見てもらえば大丈夫と考えるのもひとつですが、親権獲得のために、できる限りの手を打ちたいということであれば、調査報告書が裁判資料にもなることから、弁護士をつけておいた方がよいのです。

また、子を連れ去られた場合には、早急に対応する必要もあることから、弁護士をつけた方がよいでしょう。

面会交流についても、親権争いの場合と同様に、家庭裁判所調査官の調査が行なわれます。その際に、きちんとこちらの主張を組み入れた調査報告書をつくってもらう必要があります。また、面会交流の場合、その内容を具体的にどのように調整するのか等、難しい問題もあるので、最初から弁護士をつけておいた方がよいでしょう。

②一人で家庭裁判所に行って話をするのが、とても不安な場合

調停委員は基本的に穏やかで優しく、申立人が話しやすいように気を配ってくれるのですが、それでも家庭裁判所に一人で行って話をするというのは、不安に思われる方もいるでしょう。そのようなときには、弁護士をつけておくと、調停期日に付き添ってくれますので

安心です。

③相手からＤＶ被害やモラハラを受けている場合

このような場合、一人では心理的に萎縮してしまって、調停の席でうまく言い分を伝えられないこともあるでしょう。ガードの意味も含めて、弁護士をつけておいた方が安心です。

2

章

離婚調停を申し立てる前にやっておきたいこと

1 離婚後の生活を考える

Q 離婚調停を申し立てる前にやっておくことはありますか？

A 離婚調停を申し立てる前には、いろいろと準備しなければならないことがあります。離婚をした後、経済的に生活していけるでしょうか？　住む場所は大丈夫でしょうか？　離婚後には、さまざまな現実的問題が出てきます。いきなり離婚調停を申し立てるのではなく、そのような問題をクリアできる見通しを立ててから申し立てをしましょう。

(1) 離婚後の収入のシミュレーションをしてみる

離婚した場合、配偶者の収入をあてにすることはできなくなります。離婚後の収入源としては、次のものが考えられます。

- 自分の給与収入、養育費（相手からの送金）、公的給付、親からの援助妻が離婚をしたときには、多くの場合、自ら収入源を確保するために、生活費を稼ぐことができる就職先を探す必要があります。看護師や薬剤師等の資格を持っていれば、就職先を見つけることにそれほど苦労しないかもしれませんが、そうでない場合、いざ就職をしようと思っても、そう簡単に見つからないかもしれません。求人広告を見たり、ハローワークに行って、就職口があるかを調べてみるといいでしょう。もしできるなら、離婚する前に、就職先を確保しておくといいです。

また、ハローワークや自治体の行なっている就職支援制度の利用ができないか、調べてみましょう。支援制度を活用して、就職に有利な資格を取ることもできるようです。

なお、離婚前であれば、別居中であっても収入のある夫に生活費（婚姻費用）を求めることができます。婚姻費用は、子どもがいなくても請求することができます。

子どもがいる場合、児童扶養手当や児童手当等、いろいろな公的扶助がありますから、積極的に公的扶助を活用するといいでしょう。どのような公的扶助があり、具体的にどれくらいもらえそうかは、自治体の窓口で相談すると教えてくれます。

○母子（父子）家庭の公的扶助

①児童扶養手当

離婚などで、ひとり親家庭となった場合、一人で子を養育する親になった母（ないし父）に対して支給される手当です。

②児童手当

中学校修了前までの児童を養育している方に対して支給される手当です。

③特別児童手当

身体や精神に障害のある20歳未満の児童について、支給される手当です。

④就学援助

経済的な理由によって、就学が困難と認められる児童・生徒の保護者に対して、学用品費、給食費、通学費等の就学上必要な費用の一部を援助する制度です。

⑤母子父子福祉資金貸付

母子家庭・父子家庭の方の生活安定とその家庭の子どもの福祉のため、無利子または低利子で各種資金を貸し付ける制度です。

⑥母子・父子家庭医療費助成

母子家庭の母と児童、父子家庭の父と児童及び父母のない児童にかかる医療費のうち、保険診療による自己負担額で、１０００円（入院の場合２０００円）を超える額を助成する制度です（これは仙台市の場合です。居住地の制度をお調べください）。

(2) 居住場所の確保と離婚後の生活支出を考える

①居住場所の確保

離婚をすると多くの場合、居住環境の変化が起きます。離婚後の住まいについては、

ア　夫婦でいたところから、相手が家を出て、自分が住み続ける

イ　夫婦でいたところから、自分が家を出る

ウ　夫婦でいたところから、二人とも出る

この3つのパターンが考えられますが、アを除いて、転居することになります。そこで、離婚後、具体的にどこで生活していくのかを、居住にかかる費用も想定しながら考える必要があります。

相手が家を出て、自分がそのまま住み続ける場合には、原則として、その賃料や住宅ローンについては、自分が支払う必要があります。しかし、相手がＯＫならば、自分や子どもが家に住み続けて、住宅ローンの支払いは相手が負担すると決めることも可能です。

自分が、これまで住んでいた家を出る場合、実家に戻るか、別の場所にアパート等を借り

て住むということになるでしょう。新しく家を借りるとなると、敷金や仲介手数料、引越費用等にそれなりの費用がかかりますし、今後の家賃がかかることも考えると、経済的な見通しが立たない場合には、可能であれば実家に戻ることを考えてください。費用を抑えるには、公営住宅という手もあるので、自治体に相談してみてください。

転居先については、勤め先との関係で、通勤にかかる時間や費用も考慮する必要があります。また子連れ離婚の場合には、子どもが通っている学校との関係もあります。両親が離婚するということで、子どもにとっても大きな環境の変化があり、負担がかかっているところなので、学校の環境を変えないですむのであれば、そのようにしてあげてください。

②離婚後の生活費支出のシミュレーションをしてみる

離婚後の収入や住居がどのようになるのかを考えるとともに、離婚後の生活にどのような生活費がかかってくるのか、支出についてのシミュレーションもしてみましょう。

住居費、食費や光熱費、保険料はどうなりますか？　毎月必要な医療費はないでしょうか？　小さな子どもがいる場合、子どもを保育所に預けて働くということになることが予想されますが、保育園の費用はどれくらいかかるのでしょうか。

ここでおすすめしたいのが、「家計収支表」の作成です。家計収支表は、１か月の収入と支出について、どのような項目で、どれくらいの金額の収入や支出があるのか、1枚の紙にまとめたものです。

まず、離婚する前の現在の収入と支出について書いた「現在の家計収支表」をつくります。次に、現状の家計収支表を参照しながら、離婚後の生活がどのような収支になるのか想像して、「離婚後の家計収支表」を作成してみてください。

収入には、自らの収入だけでなく、想定される夫からの養育費や実家からの援助、公的給付についても書き入れましょう。将来、大きな支出が予想される場合（たとえば、車検費用、入学費用等）には、その費用のためにどれくらい毎月積み立てていけばいいのかを予想して書いておくとよいでしょう。

離婚後の推定家計収支表を作成してみて、支出が収入以下の額に収まりそうでしょうか。夫に求める養育費の希望金額も、この表を参考にして提案してみるとよいでしょう。

家計収支表（**現在のもの**）（氏名　　　　　　　　）

どの科目にもあてはまらないものは，余白に記入してください。

収入		支出	
科目	金額	科目	金額
（　申立人分　）		家賃，地代，管理費	126,000 円
給与（　　　　　）	80,000 円	食費	60,000 円
給与（　　　　　）	円	電気料金	14,000 円
	円	ガス料金	8,000 円
失業保険	円	水道料金	4,000 円
年金（　　　　　）	円		円
年金（　　　　　）	円	電話料金	10,000 円
傷病手当	円	衣類，日用品代	5,000 円
生活保護(世帯分)	円	医療費	8,000 円
児童手当(世帯分)	円	申立人の保険料	5,000 円
子ども手当(世帯分)	円	相手方の保険料	円
	円	教育費	7,000 円
（　相手方分　）		教育費等の送金	円
相手方　　　の給与	235,000 円	新聞，テレビ受信料	3,000 円
相手方　　の失業保険	円	駐車場代	10,000 円
相手方　　　の年金	円	ガソリン代	8,000 円
	円	(車の名義人　相手方（夫）)	
	円	交通費	4,000 円
	円	税金	円
	円	娯楽・嗜好品代	10,000 円
	円	(内容　夫のお酒、たばこ)	
	円	交際費	12,000 円
	円	(内容　夫の飲み会)	
（　その他　）		外食費	円
からの援助	円	申立人の返済分	円
からの援助	円	相手方の返済分	円
	円		円
収入合計	315,000 円	支出合計	294,000 円

家計収支表**（離婚後想定）**（氏名　　　　　　　　　　）

どの科目にもあてはまらないものは，余白に記入してください。

収　入		支　出	
科　目	金　額	科　目	金　額
（　申立人分　）		家賃，地代，管理費	80,000 円
給与（　　　　　）	80,000 円	食費	40,000 円
給与（　　　　　）	円	電気料金	5,000 円
	円	ガス料金	3,000 円
失業保険	円	水道料金	2,000 円
年金（　　　　　）	円		円
年金（　　　　　）	円	電話料金	3,000 円
傷病手当	円	衣類，日用品代	3,000 円
生活保護(世帯分)	円	医療費	5,000 円
児童手当(世帯分)	40,000 円	申立人の保険料	円
子ども手当(世帯分)	円	相手方の保険料	円
	円	教育費	30,000 円
（　相手方分　）		教育費等の送金	円
相手方　　　の給与	円	新聞，テレビ受信料	円
相手方　の失業保険	円	駐車場代	円
相手方　　　の年金	円	ガソリン代	円
	円	(車の名義人　　　　　)	
	円	交通費	4,000 円
	円	税金	円
	円	娯楽・嗜好品代	円
	円	(内容　　　　　　　)	
	円	交際費	円
	円	外食費	円
（　その他　）		申立人の返済分	円
からの援助	円	相手方の返済分	円
からの援助	円		円
	円		円
収　入　合　計	120,000 円	支　出　合　計	175,000 円

2 別居のタイミングを考える

Q 離婚調停を申し立てる前に、別居をした方がよいのでしょうか？

A 一般的には、離婚調停の前に、別居を先行させておいた方がよいと思います。ただし、別居のためアパートを借りる場合には、家賃がかかるので、別居して生活ができるかどうかを検討した方がいいでしょう。なお、相手から暴力を受けている場合には、身の安全を確保するために、なるべく早く別居をしてください。

(1) 別居後の生活の変化に対応できるか

同居をしながら離婚調停を申し立てる場合と、調停申立より前に別居を先行させて、別居後に離婚調停を申し立てる場合があります。

いずれにしても、「別居のタイミング」は重要です。別居をすると、実家でなければ、新しく住居費等の負担がかかることになりますし、生活支出に変化が出てきます。

主に子連れで別居した場合に、相手が自主的に生活費を送金してくれない場合、婚姻費用の分担請求調停を申し立てて、生活費の送金を求める必要があります。別居によって、子どもが通学する学校に変化がある場合には、そのことも考えなければなりません。子どもの転校が必要ならば、夏休みや年度末といったタイミングがよいでしょう。

(2) 別居期間が長いと、離婚が認められやすくなる

また、別居期間は、離婚するかどうかについて争いがある場合、重要な指標となってきます。

離婚をしたい側は、相手が「離婚したくない」と言っている場合には、法律上の離婚原因があることを、裁判所に認めてもらう必要があります。暴力や不貞といった明確な離婚原因があれば、裁判所は、裁判になったときに離婚を認めてくれますが、「性格の不一致」レベルでは、相手が「ＮＯ」と頑なに離婚を拒んだ場合、離婚するのは容易ではありません。

ざっくりと言えば、離婚が認められるかどうかは「**婚姻関係がすでに破綻しているかどうか**」によります。その婚姻関係がすでに破綻しているかどうかの指標に、**別居期間の長さが重要**となってくるのです。

「性格の不一致」では、すぐに離婚はできないものの、一定の別居期間があれば、離婚することはできます。一定の別居期間というのは、その他の夫婦の事情を踏まえて長短はありますが、**概ね3年を超えると**、破綻していると認定されやすくなるようです。ただし、自分の側に有責性がある場合（たとえば、自分が不倫をしている）には、離婚が認められるのに、10年程度の別居期間が必要とされることもあります。

(3) 別居は、離婚後の生活の「お試し期間」となる

それから、離婚を望む場合、別居をすることで、**離婚したい気持ちが本気であることを相手に示す**ことにもなります。別居と離婚調停とが相まって、相手としては、「離婚に応じなければならないのかな」という心境にもなりやすいのです。

そして、別居をすることで、離婚後の生活をイメージすることができます。別居後の生活が、同居していたときの生活に比べて、自分にとって望ましいと思える場合には、離婚に向けて行動しましょう。逆に、一時の感情で別居はしたけれども、もう一度相手とやり直したいと感じるのであれば、修復に向けた行動をとってもよいのです。

別居は、離婚の方向に進むのか、修復を考えるのかを決めるにあたっての「お試し期間」にもなるのです。

また、別居をすることで、相手もまた「離婚後の生活」を体験しますから、相手の心境にも変化が現われるかもしれません。あなたがいなくなって、あなたの存在の大切さを痛感する可能性もあります。自らの至らなさを反省するかもしれません。別居を体験した相手の言葉を聴いてから、最終的に離婚をするかどうかを判断してもよいのです。

(4) 別居時期は財産分与の基準時になる

別居のタイミングは、財産分与にも影響を与えます。財産分与は、夫婦で婚姻中に築き上げた財産の清算ですから、その築き上げた財産の基準時は、**別居時とされるのが原則**だからです。すなわち、名義がどちらになっているかにかかわらず、別居時にある財産は夫婦共有財産として、財産分与の対象となるのです。

(5) 別居と子どものこと

子連れ離婚の場合で、別居を開始したときには、離れて暮らす親との面会交流が問題となってきます。

こちらが子どもを連れて別居をする場合には、DVや虐待といった事情がない限りは、相手と子どもとの面会交流については、柔軟に対応した方がよいでしょう。

他方で、もしこちらが子どもを置いて別居する場合には（自らが子どもの親権を欲しいという場合には、子どもを置いて別居することはしないでください）、面会交流についても取り決めをしておきましょう。取り決めをせずに別居してしまうと、子どもと面会ができなくなるおそれがあるからです。

3 相手の財産、自分の財産を把握する

Q 相手に財産分与を求めたいのですが、調停の前に、どのようなことを準備しておけばいいのでしょうか？

A 相手名義の財産とともに、自分名義の財産に何があるのかを調査し、財産目録に記入して整理しましょう。

(1) 財産分与とは？

財産分与とは、夫婦で築き上げた財産を清算することです。離婚を早くしたいと考えて、財産分与なんていらない、あるいは、そもそも財産分与ということを知らなかったということで、財産分与をしていない方も多いようです。

しかし、離婚した後の生活のこと、とくに子連れ離婚の場合には、当面の生活費を確保する意味でも、夫婦で築き上げた財産があるのであれば、財産分与を求めてください。そして財産分与は、相手に不倫や暴力といった離婚原因の有責性が必要な慰謝料よりも確保しやすいという利点もあります。

(2) 財産分与を求めるための準備

財産分与を求めるための準備として、離婚調停を申し立てる前に、夫婦の財産について、何があるのかをできる限り調べておきます。

財産分与の対象となる財産は、自分名義、相手名義、その名義がどちらかになっているかを問われません。結婚期間中に夫婦で築き上げた財産であれば、財産分与の対象財産となります。

結婚する前に貯金していたお金や相続によって得た財産等については、夫婦で築いた財産ではありませんから、財産分与の対象にはなりません。このような財産を「特有財産」と呼びます。そこで、結婚してからできた財産に何があるのかの調査をします。

①不動産

まずは、不動産登記事項証明書を法務局で入手します（オンラインでも入手できます）。この書類で、誰の名義になっているかがわかります。また、不動産業者に査定をしてもらうための必要書類となります。

固定資産税の納税関係書類があると、固定資産評価額がわかります。固定資産税の基礎となる評価額と、実際に売却した場合の価格には差があることがあるので、できれば不動産業者数社に、不動産の査定をしてもらうとよいでしょう。

住宅ローンがある場合には、償還表等、その残額がわかる書類を確認してください。書類がなく、住宅ローンの残額がいくらかよくわからない場合には、住宅ローンを借りている金融機関に問い合わせてみてください。

不動産があって、住宅ローンがついていない場合には、査定額が、予想資産額になりますが、住宅ローンの残額がある場合には、おおざっぱに言えば、「不動産査定額－残ローン額＝資産額」となります。たとえば、査定額２０００万円、残ローン１５００万円の場合には、５００万円が財産分与対象の資産となるのです。

②預金

預金通帳のコピーを取っておきましょう。最終記帳ページだけではなく、表紙やその裏も含めて、全部写しを取っておいてください。総合口座通帳の場合、定期預金がある可能性もあるので、その欄も確認してみてください。取引履歴から、積み立てがあることや生命保険をかけていることがわかることもあります。

③保険

保険証券のコピーを取ります。仮に今解約したら、どれくらいの返戻金が見込まれるのでしょうか。保険証券に「契約日から○年後は○○円」と、解約返戻金の見込額が記載してある場合もあります。また、保険会社に問い合わせると教えてくれます。

④有価証券

株券やゴルフ会員権といった、有価証券がある場合には証券のコピーを取りましょう。

⑤退職金、社内積立金

源泉徴収票や給与明細書のコピーを取っておきましょう。給与明細書から、社内積立金があることがわかる場合もあります。

⑥自動車

自動車がある場合には、車検証のコピーを取っておきましょう。また、自動車買取専門店に、自動車の査定書を出してもらいます。

離婚を切り出すと、相手は、財産関係の書類を隠してしまう可能性もあるので、その前に調査し、関係書類のコピーを取っておきます。

⑦借金

財産分与には、プラスの財産だけではなく、マイナスの財産、つまり借金も考慮されます。夫に借金がある場合もあるので、夫宛の請求書をチェックしておいてください。

（令和6年3月3日現在）

財産目録

1　不動産

番号	種類	所在地	面積	評価額	名義人	備考
1	土地	仙台市泉区〇〇	120㎡	10,000,000円	夫	残ローン700万円
2	建物	同上	80㎡	5,000,000円	夫	同上

合計　15,000,000円

2　その他の資産（現金，預貯金，保険契約，債権等）

番号	種類	預入先等	口座番号	金額・数量	名義人	備考
1	預金	〇〇銀行〇支店	0000	643,877円	夫	
2	預金	□□銀行〇支店	0000	123,777円	妻	
3	生命保険	〇〇生命	0000	287,999円	夫	解約返戻金

合計　1,055,653円

3　負債

番号	種類	債権者等	金額	名義人	備考
1	借入金	〇〇銀行	7,000,000円	夫	住宅ローン

合計　7,000,000円

4 離婚する際には子どものこと、お金のことについて、自分の希望をまとめる

離婚調停を申し立てることは、相手に対して、「離婚したい気持ちが本気であること」を伝えることになります。そのため、離婚に向けて話が進んでいくことが多く、修復に向けての後戻りは難しくなります。

このように調停を申し立てると、離婚の流れができてしまいますから、調停を申し立てる前に、自分は本当に離婚したいのかをよく考えておいてください。

また、離婚の決意をした後も、離婚するにあたって、自分は相手に対して、子どものこと、お金のことについて何を求めたいのかを、調停を申し立てる前に整理しておきましょう。

(1) 離婚のこと

ここで、もう一度確認していただきたいのは、「**自分は本当に離婚したいのか**」ということです。一緒に生活していれば、夫婦の間で、どうしても多少の波風は立つものです。一時の感情ということはないでしょうか。相手との関係の修復はまったく考えられないのでしょうか。離婚したいと思う具体的な理由は何でしょうか。その理由は、相手と話し合うことで

改善される可能性はないのでしょうか。

別居をしてみて、しばらく様子を見てみる方法もあります。別居というのは、離婚後の生活のシミュレーションする意味合いもあるのです。

夫婦の形には、いろいろあります。たとえば、同居することなく、週に1日だけ一緒に過ごすという形もあるかと思います。

離婚を決意する前に、別居で様子を見たり、一度夫婦の悩みを専門とするカウンセラーに相談してみるのもいいかもしれません。

それでもやはり、「離婚したい」ということであれば、離婚の意思を、調停の中で、相手にしっかりと伝えていきましょう。他方で、まだ気持ちが揺れているならば、離婚調停を申し立てることは、少し待った方がいいかもしれません。

大切なのは、「離婚をすること」ではなくて、「幸せになること」です。離婚すること自体が目的ではなく、離婚は幸せになるための手段だと思ってください。離婚をすれば幸せになれるのかを調停を申し立てる前によく考えてみましょう。

(2) お金のこと

離婚に際して、お金についての希望もまとめておきましょう。お金のこととは、①財産分与、②慰謝料、③年金分割です。順に説明しましょう。

①財産分与

財産調査を経た後で、自分としては、財産分与としてどのようなことを希望しますか。名義を移してもらう、現金でもらうといった選択肢があります。住宅ローン付の不動産がある場合、その家に子ども達と住み続けたいということであれば、不動産名義を自分に変えてもらい、養育費の代わりや、その一部として、夫にローンを支払ってもらうという提案もあるかと思います。

②慰謝料

慰謝料というのは、相手から精神的苦痛を受けた場合に、その精神的損害を金銭的に回復するために相手に賠償を求めるものです。離婚には、多かれ少なかれ、精神的苦痛を受けるものですが、慰謝料を請求しても裁判所から認められるのは限られています。たとえば、よくある「性格の不一致」では、なかなか慰謝料は認められません。

夫婦関係を破綻させた原因が、相手の暴力や不倫といった相手にある場合に、慰謝料は認められます。しかし慰謝料が認められたとしても、想像するよりは低額になるものです。

とはいえ、まずはあなたの気持ちとして、慰謝料を請求したいのか、請求するとしたらどれくらいの金額を請求したいのか、を考えてみてください。

③年金分割

年金分割とは、離婚をした場合に、婚姻期間中の厚生年金・共済年金の保険料納付記録のうち、報酬比例部分について、多い方から少ない方に分割する制度です。

夫に給与収入がある場合には、社会保険事務所から情報通知書を入手してみて、夫の納付記録が多い場合には、年金分割の希望も出すとよいでしょう。

(3) 子どものこと

未成年の子どもがいる場合は、①親権、②養育費、③面会交流について決める必要があります。

①親権

子どもの親権者は自分にしたいですか、相手でもかまいませんか。自分の希望を明確にしておきましょう。子どもは、どちらの親のもとで暮らすことを望むでしょうか。そのことも考慮しましょう。

②面会交流

面会交流というのは、子どもを監護していない親（非監護親）が、子どもと面会をすることを言います。

子どもを監護している親（監護親）側からすると、相手と子どもとの面会交流をどの程度受け入れるのか、になります。

子どものためには、両親が離婚した後も、離れて暮らす親からもこれまでどおり愛情を注がれ、親と子の交流が円滑に図られることが、一般論としては望ましいのですが、監護親側の事情や心情、その親のもとで暮す子の心情等もあって、「子どもに会いたい」「会わせたくない」と対立することも多いところです。

自分が、監護親だとした場合、非監護親との面会交流について、どのようなやり方（回数や時間、場所等）を想定していますか。

逆に、非監護親の場合、どのような面会交流を希望しますか。離婚後の面会交流について、どうしたいのかを考えてみましょう。

③養育費

監護親となった場合、非監護親に対して養育費を請求することができます。具体的に、どのくらいを請求したいのでしょうか。

作成した想定家計収支表を見ながら、子どもの養育のために必要な養育費を出してみましょう。養育費は、お互いの収入を踏まえて、算定表（7章4項参照）によっておおまかな金額が算出されますが、それぞれの家庭の事情もあるでしょうから、それも踏まえて希望金額を提案してもかまいません。たとえば、夫婦二人とも大学卒の場合には、子どもも大学に進学する予定と主張して、大学進学時の費用や支払いの終期を大学卒業時までといった提案をしてもいいのです。

自分の希望をまとめる際におすすめなのが、**調停申立書と夫婦関係の事情説明書、子どもについての事情説明書を書いてみること**です。申立書と事情説明書の書き方については、3章でくわしくご説明します。

申立書と事情説明書を作成してみることで、自然と、離婚をするにあたって何を決めなければいけないのかが整理されてきます。

5 相手に離婚を切り出す

Q 調停を申し立てる前に、相手に「離婚したい」と伝えておいた方がよいのでしょうか？

A 原則として、伝えておいた方がよいでしょう。直接、面と向かって話すのが難しいようであれば、手紙で伝える方法もあります。

(1) 調停を申し立てる前に離婚を切り出す

相手と話し合いができない場合以外には、いきなり調停を申し立てるのはおすすめできません。調停の前に、まずは夫婦の間で、離婚について話し合いができないかを検討してみてください。

相手と離婚について話をすることで、夫婦関係が改善する可能性もあります。離婚をするとしても、円満に二人の話し合いで離婚できる可能性もあります。

離婚調停を申し立てた後は、修復の可能性はほぼなくなります。相手と直接離婚について話し合いをすることが辛いようであれば、手紙やメールで今の気持ちを相手に伝える方法もあります。

⑵ 事前に調停の申し立てをする旨の手紙を書く

また、離婚調停を申し立てるとしても、事前に、調停を申し立てる旨の手紙を書いておくことをおすすめします。いきなり裁判所から書類が届くと、それだけで相手が「警戒モード」「戦闘モード」になってしまうおそれがあるからです。

事前に書く手紙というのは、たとえばこのような感じです。

「今まで、いろいろと我慢していましたが、もうこれ以上、あなたとの結婚生活に耐えられそうにありません。あなたと離婚することを決めました。離婚についての話し合いは、あなたと二人だけで話すのは辛いので、間に中立公平な第三者を入れて行なう離婚調停の場でしたいと思います。後日、家庭裁判所から、調停についての連絡文書が届くかと思いますので、調停に出てきてください」

(3) 離婚を切り出す前に離婚の準備をしておく

離婚を切り出せば、多かれ少なかれ、相手にショックを与えることになります。その瞬間に、相手から「出ていけ！」と言われて、家を追い出されるかもしれません。怒った相手から生活費を渡されなくなるかもしれません。

相手にそのような反応が予想される場合には、仮にそのようなことになったとしても大丈夫と言えるタイミング（住む場所や当面の生活費を確保した後）で、離婚の話は切り出してください。事前に、財産調査や証拠も確保しておいた方がよいでしょう。

(4) 離婚を切り出す前に別居を先行させることも考える

離婚を切り出す前に、別居を先行させるということも考えてみましょう。別居もまた、相手に動揺を与えるものですが、離婚したいと言われるほどは大きくはありません。

実家に戻ることができる場合には、実家に戻ってみてしばらく様子を見るのもいいかと思います。それでも、やはり離婚をしたいという気持ちに揺るぎがなければ、そこで離婚を切り出すという順序でいいと思います。

(5) 離婚を切り出す際に気をつけること

離婚を切り出されたら、相手はショックを受けるものです。そこで、相手のショックが大きい場合合、離婚の話に冷静に応じてくれないことも予想されます。そこで、離婚を切り出す際には、①相手を感情的に非難はしない、②離婚したいという気持ちと理由について、淡々と事実を話すという姿勢で、相手に伝えてみてください。

(6) 揉めていない場合に調停を利用する際に注意すること

本書では、揉めてはいなくても、養育費等の「約束を相手にきちんと守ってもらうための調停」活用も推奨しているのですが、その調停を利用する場合の注意点があります。

それは、事前に「約束事をきちんと公の書類に残しておくために調停をする」ということを相手に伝えておくことです。「調停」にはどうしても「揉めている」というイメージがありますから、いきなり調停を申し立てられると、相手が驚いてしまって、態度が硬化する可能性があるからです。

COLUMN

相手に不倫が疑われるなら、証拠を集めておく

相手の不倫が原因で離婚をしたい場合には、不倫を裏付ける証拠は、離婚原因を基礎づける証拠にもなりますし、相手や不倫相手に慰謝料を請求するための重要証拠にもなります。

そこで、相手に「あなた、不倫したでしょう」と離婚を切り出す前に、やっていただきたいのが、不倫を裏付ける証拠の確保です。

不倫を問い詰めると相手は、不倫の証拠になりそうなものは隠すものです。そこで、「怪しいな」と思ったら、すぐに問い詰めるのではなく、証拠を確保してからにします。

証拠というのは、メール、写真、LINE、カードの使用明細等があります。不倫の相手が誰なのかがわかること、その相手と肉体関係があったことが推認できることが必要です。

証拠は、相手に不倫の慰謝料を請求し、相手が不倫の事実を認めなかったときに必要となるものですが、不倫を認めない相手に、「○○の証拠がある」と具体的に言うと、相手が観念して認める場合もあるのです。

不倫の証拠は、裁判に使わなくても、有利に話し合いを進めるツールとして使うことができるので、できる限り確保しておきたいところです。

また、相手が不倫を認め、謝ってきた場合には、誰と不倫をしたのか、不倫期間、不倫の

謝罪文（見本）

謝罪文 　私は、○年○月から○月まで、○○○○さんと、○○ホテル等で、不貞行為をしてしまいました。このことを深く反省し、今後は、○○さんと面会しないこと、また電話、メール、SNS、LINE等の手段の如何を問わず、○○さんとは一切連絡を取らないことを誓います。このたびは、本当に申し訳ありませんでした。 ○年○月○日 氏名○○○○　印

事実に対する謝罪の言葉と、今後二度と不倫をしない旨の誓約書（謝罪文）を一筆書いてもらっておきます。日付の記入と署名押印もしてもらってください。この書類も、不倫の有力な証拠になります。

3
章

意外と簡単！
離婚調停の申し立て

1 調停申立書の書き方

Q 離婚調停の申し立ては、どのようにすればいいのですか？

A 調停申立書の書式に必要事項を記入の上、戸籍謄本等の必要書類と印紙を貼って、家庭裁判所に提出します。申立手続きは、意外と簡単です。

(1) 離婚調停の申立書式を手に入れる

調停申立は書面で行ないます。裁判所の書式に、チェック項目のどちらかにチェックを入れて、金額等の短い言葉を書き込むだけです。

書式は、家庭裁判所の窓口でもらえますし、裁判所のホームページからダウンロードすることもできます（「離婚調停申立書式」で検索）。書式に沿って説明しましょう。

(2) 調停申立書の書き方

●家庭裁判所名を書きます

●申立人の記名押印の欄に、自分の名前を自署して押印します

●添付書類の欄にチェックを入れます

離婚調停の場合には、戸籍謄本が必要となりますので、戸籍謄本を準備してチェックを入れてください。また、年金分割の申し立てをする場合には、社会保険事務所から「年金分割のための情報通知書」を入手して、この欄にチェックを入れてください。

それ以外の添付書類がある場合には、その書類名を書いてチェックを入れますが、申し立ての段階では、とくに必要はないでしょう。

●申立人の欄に、自分の本籍、住所、氏名、生年月日を書きます

相手に現在の住所を知られたくない場合には、この欄に**現在の住所は書かないでください**。調停申立書の写しは、相手に送付されてしまいますから、ここに書いてしまうと、相手に知られてしまいます。そこで、調停申立書の住所欄には、相手と同じ住所を書いて、「連絡先等の届出」にて、家庭裁判所は、相手方に隠している居所名を記載しておきます。

●相手方の欄に、相手方の本籍、住所、氏名、生年月日を書きます

この住所に、家庭裁判所は呼び出し書類を送りますので、相手が郵便を受け取れる住所にしておいてください。

●未成年の子がいれば、未成年の子の欄に記入します

申立人（すなわち自分）と同居しているのか、相手方と同居しているのか、それ以外のところ（たとえば、自分の実家）で暮らしているのかを記入します。子どもが4人以上の場合には、用紙を追加してください。

○申し立ての趣旨

離婚したい場合には、右側の「関係解消」の欄に記入します。

ちなみに、夫婦関係の修復を望む場合には、左側の「円満調整」の1に○をつけます。調停は離婚だけではなく「円満調整」という修復を希望する際に、間に調停委員に入ってもらうということもできるのです。関係解消には、離婚と内縁関係解消がありますが、籍を入れている場合には、「1　申立人と相手方は離婚する」の1に○をつけます。

その下の付随申し立てをしたい場合には、⑴～⑺の該当部分に○をつけます。

⑴～⑶が未成年の子に関することで、⑴親権、⑵面会交流、⑶養育費です。

⑷～⑹がお金に関することで、⑷財産分与、⑸慰謝料、⑹年金分割です。

順に説明しましょう。

(1) 親権

未成年の子の親権者を父、母のいずれかを希望するのかを記入します。

(2) 面会交流

現在、子と一緒に暮らしていない親（非監護親）と子との面会交流の時期や方法について、調停で調整し、ルールを定めて欲しい場合には、「(2)」に○をつけて、非監護親の□にチェックを入れます。

面会交流は、主に、非監護親側からの希望になるところですが、監護親側からも、面会交流のルールを決めるために調停の土俵に乗せることもできます。

(3) 養育費

未成年の子の養育費について、調停で取り決めをしたい場合には、「(3)」に○をつけて、該当する□にチェックを入れます。子連れ離婚の場合には、とりあえずチェックを入れておきましょう。

自分が、子どもを監護していく予定で、相手に養育費の送金を求める場合には、「□相手方」にチェックを入れます。養育費の額について、一人あたり3万円といった具体的な希望額があれば、その金額を記入します。金額がよくわからないという場合には、「□相当額」にチェックを入れておきます。

⑷ 財産分与

財産分与として、相手に対して金銭の支払いを求める場合には、「⑷」に○をつけます。財産分与の対象となる財産を把握していて、具体的な希望金額がわかる場合には、具体的な金額を記入してもよいのですが、相手にどのような財産があるのか不明なことも多いでしょうから、その場合には、とりあえず「□相当額」にチェックを入れて、相手が管理している財産を確認した後で、具体的な金額を提示する方がよいでしょう。

財産なんてないだろうと思っている場合でも、もしかすると財産分与対象財産があるかもしれないので、迷ったら「⑷」に○をつけ、「□相当額」にチェックを入れておくことをおすすめします。

⑸ 慰謝料

相手に、「慰謝料を払ってもらいたい」と思っているならば、「⑸」に○をつけ、具体的な金額を記入するか「□相当額」にチェックを入れましょう。

慰謝料というのは、相手の行為によって精神的苦痛を受けたときに、その精神的損害を慰謝するためのお金ですが、離婚の際に、常に認められるものではありません。多かれ少なかれ、離婚には精神的苦痛が伴うものですが、裁判所から「慰謝料」として認められるハードルは結構高いのです。

慰謝料が認められる典型的なケースは、相手の不倫や暴力によって婚姻関係が破綻して離婚に至った場合です。相手側に離婚に至らせた原因があることが必要です。

ただ、調停申し立ての際には、厳格に考える必要はありません。相手のために、離婚に至った、精神的な苦痛を受けたと思っているのであれば、とりあえず「(5)」に○をつけて、「□相当額」にチェックを入れてもいいでしょう。

(6) 年金分割

平成20年3月31日以前に結婚している場合で、相手が会社員や公務員といった給与生活者で、自分より収入が多いような場合には、年金事務所から年金に関する情報通知書を取り寄せた上で、とりあえず年金分割を請求しておきましょう。

「(6)」に○をつけます。年金分割の按分割合は、「□0・5」が原則になりますので、そちらにチェックを入れておきます。

迷ったら、とりあえずチェックするという方向で大丈夫です。調停の土俵には乗せておいて、後でそれは求めませんというのでもかまいません。

同じように、申立書を書いた段階ではチェックをつけなかったけれど、後になって、やはりそのことについても話し合いをしたいというのであれば、調停期日で、調停委員に対して、伝えれば大丈夫です。

○申し立ての理由

次に、「申立ての理由」の欄について見ていきましょう。

(1) 同居・別居の時期

「同居を始めた日」と、「別居した日」について記入します。別居をしていなければ、「別居をした日」は書かなくて結構です。同居期間がどれくらいになるのか、別居をしているのか、別居している場合に別居がいつからで、現在までどれくらいの別居期間が経過しているのかは、裁判所が、離婚問題を検討するにあたって重要な情報になるため、申立書に別居について書くことを求められているのです。

(2) 申立ての動機

いくつかの動機が例示されていますので、離婚したいと思ったものに○をつけます。複数ある場合には、複数に○をつけてもかまいません。そして、そのうち最も重要と思うものには◎をつけます。

たとえば、離婚したい理由が、夫の「3暴力をふるう」「4酒を飲みすぎる」「8精神的に虐待する」であれば、この3つに○をつけ、そのうち、とくに暴力が耐えられないという場合には、「3暴力をふるう」は◎にします。

どれにもあてはまらない場合には、「13その他」に○をつけて、ひと言その内容を書いておくとよいでしょう。

「5性的不調和」とは、セックスレスやセックスの強要等です。「8精神的に虐待する」とは、暴言を吐く、無視するといったもので、いわゆるモラルハラスメントがこれにあたります。

申し立ての動機については、相手に対する不満等いろいろと書きたいところかもしれません。書きたいのであれば、別紙として添付することもできますが、あまりおすすめはしません。

というのは、調停申立書は、相手に送られる書類で、相手が見ることになります。中立書の段階で、相手を刺激することは得策ではありません。そこで、動機のくわしいことは、調停当日に調停委員に話すことにして、中立書の段階では、この中立書式の範囲内で、あっさりとしたものにとどめておいた方がよいでしょう。

この申立書の写しは，法律の定めるところにより，申立ての内容を知らせるため，相手方に送付されます。

受付印	夫婦関係等調整調停申立書　事件名（　離婚　）
	（この欄に申立て１件あたり収入印紙１，２００円分を貼ってください。）
収入印紙　　円 予納郵便切手　　円	（貼った印紙に押印しないでください。）

○○○　家庭裁判所 御中 令和　○年　○月　○日	申立人 （又は法定代理人など） の記名押印	甲村　花子　㊞

添付書類	（審理のために必要な場合は，追加書類の提出をお願いすることがあります。） ■ 戸籍謄本（全部事項証明書）（内縁関係に関する申立ての場合は不要） ■ （年金分割の申立てが含まれている場合）年金分割のための情報通知書 □	準口頭

申立人	本籍（国籍）	（内縁関係に関する申立ての場合は，記入する必要はありません。） 宮城　都道府(県)　仙台市泉区○○町○-○	
	住所	〒　981－○○○○ 宮城県仙台市泉区○○台○-○　（　乙山様　方）	
	フリガナ 氏名	甲村《コウムラ》　花子《ハナコ》	大正・昭和・(平成)　○年　○月　○日生 （　○○　歳）
相手方	本籍（国籍）	（内縁関係に関する申立ての場合は，記入する必要はありません。） 宮城　都道府(県)　仙台市泉区○○町○-○	
	住所	〒　981－○○○○ 宮城県仙台市泉区○○町○-○　（　　方）	
	フリガナ 氏名	甲村《コウムラ》　一郎《イチロウ》	大正・昭和・(平成)　○年　○月　○日生 （　○○　歳）
対象となる子	住所	■ 申立人と同居　／　□ 相手方と同居 □ その他（　）	(平成)・令和　○年　○月　○日生 （　○　歳）
	フリガナ 氏名	甲村《コウムラ》　一馬《カズマ》	
	住所	■ 申立人と同居　／　□ 相手方と同居 □ その他（　）	平成・(令和)　○年　○月　○日生 （　○　歳）
	フリガナ 氏名	甲村《コウムラ》　紀子《ノリコ》	
	住所	□ 申立人と同居　／　□ 相手方と同居 □ その他（　）	平成・令和　　年　　月　　日生 （　　歳）
	フリガナ 氏名		

（注）　太枠の中だけ記入してください。対象となる子は，付随申立ての(1),(2)又は(3)を選択したときのみ記入してください。　□の部分は，該当するものにチェックしてください。

夫婦（1/2）

この申立書の写しは，法律の定めるところにより，申立ての内容を知らせるため，相手方に送付されます。

※　申立ての趣旨は，当てはまる番号（1又は2，付随申立てについては(1)～(7)）を○で囲んでください。
□の部分は，該当するものにチェックしてください。
☆　付随申立ての(6)を選択したときは，年金分割のための情報通知書の写しをとり，別紙として添付してください（その写しも相手方に送付されます。）。

申立ての趣旨	
円満調整	関係解消
※ 1　申立人と相手方間の婚姻関係を円満に調整する。 2　申立人と相手方間の内縁関係を円満に調整する。	※ ①　申立人と相手方は離婚する。 2　申立人と相手方は内縁関係を解消する。 （付随申立て） (1)（丸囲み）　未成年の子の親権者を次のように定める。 ＿＿＿＿＿については父。 甲村一馬、甲村紀子　については母。 (2)（□申立人／□相手方）と未成年の子＿＿＿＿が面会交流する時期，方法などにつき定める。 (3)（丸囲み）（□申立人／■相手方）は，子 甲村一馬 甲村紀子 の養育費として，1人当たり毎月（■金 30,000 円／□相当額）を支払う。 (4)（丸囲み）　相手方は，申立人に財産分与として，（□金＿＿＿＿円／■相当額）を支払う。 (5)（丸囲み）　相手方は，申立人に慰謝料として，（□金＿＿＿＿円／■相当額）を支払う。 (6)（丸囲み）　申立人と相手方との間の別紙年金分割のための情報通知書（☆）記載の情報に係る年金分割についての請求すべき按分割合を，（■0.5／□（＿＿＿＿））と定める。 (7)

申立ての理由	
同居・別居の時期	
同居を始めた日…昭和・平成（丸囲み）・令和　○年○月○日	別居をした日…昭和・平成・令和（丸囲み）　○年○月○日

申立ての動機			
※当てはまる番号を○で囲み，そのうち最も重要と思うものに◎を付けてください。			
1　性格があわない	2　異性関係	◎3　暴力をふるう	④　酒を飲みすぎる
5　性的不調和	6　浪費する	7　病気	
⑧　精神的に虐待する	9　家族をすててかえりみない	10　家族と折合いが悪い	
11　同居に応じない	12　生活費を渡さない	13　その他	

夫婦（2/2）

2 事情説明書の書き方

離婚調停を申し立てるときには、調停申立書とともに、夫婦関係の事情説明書や未成年の子どもがいる場合には、その子どもについての事情説明書を書いて、家庭裁判所に提出する必要があります。

事情説明書は、裁判所に提出後、裁判所から相手に送付はされませんが、相手が見たいと希望すれば、裁判所が見せる可能性がある書類なので、相手に見られる可能性を踏まえて書く必要があります。そのため、相手を刺激するようなことは書かない方がよいでしょう。

裁判所が、申立人に事情説明書を書いてもらう趣旨は、調停期日に、充実した話し合いができるようにするために、当事者から話を聴く前に、あらかじめ当事者の基本的な情報を知っておきたいからです。

(1) 夫婦関係事情説明書の書き方

「1 この問題でこれまでに家庭裁判所で調停や審判を受けたことがありますか」

この質問は、本調停が、夫婦関係に関する初めての調停なのかを把握するためです。以前、すでに離婚調停をやっていたということであれば、その調停がどうなったのか、その後、再度調停を申し立てる経緯は何なのかを調停委員からたずねられることでしょう。

もし、過去の調停や審判の経験があれば、「□ある」にチェックを入れて、申立人の名前と事件番号を記入します。

「2　調停ではどのようなことで対立すると思われますか」

この質問は、当事者間で何が揉めているのか、揉めそうなのか、を把握しようとするものです。

この質問に答えるためには、まずは自分の相手に対する希望を整理することが必要です。自分は相手と離婚をしたいのか、離婚する際の希望として、自分としてはどうしたいのかを、できる限り明確にしてみてください。そして、それに対する相手の反応が、自分の希望と違っているとわかっている場合には、対立する点として、該当する□にチェックを入れていきます。

たとえば、離婚自体は相手も同意しているが、子どもの親権をお互いに欲しいと言っている場合には、「□離婚」にはチェックを入れずに、「□子どものこと（□親権）」にチェックを入れます。チェックするところは、複数あってもかまいません。相手の意向がわからない場合には、推測で大丈夫です。チェックを入れなかったからといって、調停で話し合いができないというわけではありませんので、ご安心ください。

「3　婚姻期間と別居期間」

調停申立書の「申立ての理由」のところに、同居を始めた日と別居をした日について記載するところがありますが、事情説明書では、婚姻期間と別居期間について記載するようになっています。

この婚姻期間、別居期間がどれくらいかというのは、離婚においては、重要なポイントとなってくる場合が多いのです（2章2項参照）。

書き方ですが、婚姻期間については、入籍をしてから現在（申立日）までの期間を、別居期間については、別居を開始してから現在（申立日）までの期間を記入します。別居していない場合には、書く必要はありません。なお、単身赴任は、別居にカウントする必要はありません。

「4　それぞれの同居している家族について記入してください（本人含む）」

申立人（自分）と相手方の同居している家族についてたずねています。この質問の意図は、別居している場合に、子どもはどちらと同居しているのか、また子ども以外の誰か（たとえば両親）と同居しているかについての情報を把握するためです。

これは、子どもの親権や面会交流が争点になっているときや、婚姻費用について、考慮する事情となります。
別居している場合には、申立人の欄に申立人である自分の情報を、相手方の欄には、相手の情報を書きます。同居中の場合には、申立人欄に、相手も含めて記載します。

「5　それぞれの収入はどのくらいですか」

申立人（自分）と相手方の収入についてたずねています。この質問は、申立人と相手方に、それぞれどれくらいの収入があるのかが、婚姻費用や養育費の算定の参考となる情報になるために、確認しようとしているのです。
自分の収入については、給与明細書や通帳を確認して記入しましょう。相手の収入については、同じように給与明細書や通帳でわかればそれを書きますが、よくわからなければ、推測でかまいません。

「6　住居の状況について記入してください」

申立人（自分）と相手方の住居の状況について、自宅なのか賃貸なのか、それ以外なのかをたずねています。
この質問の意図としては、別居の形態にも、自分が自宅を出て実家に戻った、相手が自宅を出ていってアパートを借りた等、いくつかの場合が考えられますが、現在どのような状況なのかを把握しようとしています。

この情報は、婚姻費用や養育費等をどうするかに関連してきます。

書き方についてですが、「□自宅」というのは、相手の名義や共有名義であってもかまいません。実家に戻っているという場合には、「□当事者以外の家族所有」にチェックを入れます。アパートを借りている場合には、「□賃貸」にチェックを入れて「賃料月額」がいくらなのかを記入します。ここには、駐車場や管理費等がかかるのであれば、それも加えて書いておいてください。相手の情報については、推測でかまいません。

「7　財産の状況について記入してください」

自分の資産と負債（借金）、相手の資産と負債についてたずねています。

この質問の意図としては、当事者の資産と負債を確認して、財産分与が争点となったときの参考とするためです。

負債については、住宅ローンの有無や金額を確認していますが、それは、住宅ローンのある自宅について、どのように分けるのかが争点となった場合の基礎情報となります。

書き方ですが、自分と相手方の資産と負債をそれぞれ書いていきます。ただし、財産分与のための情報提供ですから、結婚前に貯めたお金や親から相続した財産等については、書く必要はありません。

不動産、預貯金といった資産について、名義が、自分名義なのか、相手名義なのかを確認して、自分名義なら申立人の資産の欄に、また相手名義なら、相手の資産のところに記入します。

「□その他」のところには、自動車や生命保険、株式などの有価証券などの財産が考えられます。

「負債」についても、自分名義の負債なのか、相手名義の負債なのかを分けて記入してください。相手名義でも、自分も連帯保証人になっている場合には、自分の負債にもなるので、書く必要があります。住宅ローンの契約書を見て、誰が借主になっているのか、連帯保証人はどうなっているのかを確認して記入します。

「8　夫婦が不和となったいきさつや調停を申し立てた理由などを記入してください」

この質問の意図としては、調停申立書の「申立ての理由～申立ての動機」で、大まかな申し立てた理由について確認していますが、もう少し具体的にどのような理由からなのかを把握しようとしているものです。

ですから、たとえば「申立ての動機」で、「3　暴力をふるう」に○をつけた場合には、この「8」の欄に「昨年ころから、夫が、月に1、2度機嫌が悪いと、平手で私の頭を叩くようになりました」等と、暴力の内容について具体的に記入します。

年（家　）第　　号

事情説明書（離婚または夫婦関係円満調整）

この書類は，申立ての内容に関する事項を記載していただくものです。あてはまる事項にチェックをつけ，空欄に具体的に記入して，申立ての際に提出してください。

なお，この書類は，相手方には送付しませんが，相手方から申請があれば，閲覧やコピーが許可されることがあります。

1　この問題でこれまでに家庭裁判所で調停や審判を受けたことがありますか。	□ ある　年　月頃　家裁　支部・出張所 □ 今も続いている。　申立人の氏名 事件番号　年（家　）第　号 □ すでに終わった。 ■ ない		
2　調停ではどのようなことで対立すると思われますか。（該当するものに，チェックしてください。複数可。）	■ 離婚・内縁関係解消のこと　□ 同居または別居のこと ■子どものこと（■親権　□養育費　□面会交流　□その他　） ■ 財産分与の額　□ 慰謝料の額　□ 負債（ローンなど）のこと □ 生活費のこと　□ 異性関係　□ その他（　）		
3　婚姻期間と別居期間	婚姻（内縁）期間　１０年　３月	別居期間　年　３月	
4　それぞれの同居している家族について記入してください（本人含む。）。 ※申立人と相手方が同居中の場合は申立人欄に記入してください。	申立人（あなた）	相手方	
	氏名／年齢／続柄／職業等 甲村花子／４６／本人／パート 甲村一馬／８／長男／ 甲村紀子／５／長女／	氏名／年齢／続柄／職業等 甲村一郎／４８／夫／会社員	
5　それぞれの収入はどのくらいですか。	月収（手取り）　約　８万円 賞与（年　回）計約　万円 □実家等の援助を受けている。月　万円 □生活保護等を受けている。月　万円	月収（手取り）　約２５万円 賞与（年２回）計約　５０万円 □実家等の援助を受けている。月　万円 □生活保護等を受けている。月　万円	
6　住居の状況について記入してください。	□ 自宅 ■ 当事者以外の家族所有 □ 賃貸（賃料月額　円） □ その他（　）	□ 自宅 □ 当事者以外の家族所有 □ 賃貸（賃料月額　円） □ その他（　）	
7　財産の状況について記入してください。	(1) 資産 □ あり □ 土地　□ 建物 □ 預貯金（約　万円） □ その他　※具体的にお書きください。 （　） ■ なし (2) 負債 □ あり　□住宅ローン（約　万円） □その他（約　万円） ■ なし	(1) 資産 ■ あり ■ 土地　■ 建物 ■ 預貯金（約２００万円） ■ その他　※具体的にお書きください。 （　軽自動車　） □ なし (2) 負債 ■ あり　■住宅ローン（約２０００万円） □その他（約　万円） □ なし	
8　夫婦が不和となったいきさつや調停を申し立てた理由などを記入してください。	昨年ころから、夫が会社でのストレスを私にぶつけるようになり 毎日のようにお酒を飲んで、暴言をはくようになりました。 もう我慢ができないので、離婚調停を申し立てました。		

年　月　日　　申立人　甲村　花子　印

(2) 子についての事情説明書の書き方

子についての事情説明書は、夫婦間に未成年の子がいる場合に、親権、養育費、面会交流といったことが争点になり得ることから、裁判所として、子についての基礎的な情報を把握したいとの趣旨から記載を求めているものです。

「1　現在お子さんを主に監護している人は誰ですか」

現在、子がどちらで主に監護されているのかを確認する質問です。

子の親権が欲しいのであれば、ここは、自分（申立人）にチェックを入れたいところです。というのも、親権者の認定において、「これまで、夫婦のどちらが子どもについて主に監護をしてきたか」が重要視されるからです。その流れとして、「現在は」どちらが、子を主に監護しているのか、が大事です。現在の主たる監護者が誰かは、別居している場合ははっきりしますが、同居している場合に、どちらが主として監護しているのかあいまいな場合には、自分の側にチェックを入れておきましょう。

自分や相手以外の人、たとえば自分の両親が監護している場合には、「□その他」にチェックを入れて、「中立人の両親が監護しています」等と記載します。

「2　お子さんと別居している父または母との関係について、記入してください」

自分と相手が別居している場合に、子どもとの面会交流の状況について確認する質問です。別居後、監護していない親が、子どもと会っていないとするならば、その理由も書きます。たとえば、「子どもが会いたくないと言っている」等です。

「3　お子さんに対して、離婚等について裁判所で話合いを始めることや、今後の生活について説明したことはありますか」

両親の離婚問題は、子どもに大きなストレスがかかってしまうものです。裁判所としては、「子の福祉」を第一に考えて、調停を進めたいと考えています。

そこで、親権や面会交流が争点となったときに、どのように対応していくのか、必要な情報として知りたいという趣旨です。

説明をしたことがあるのであれば、「□説明したことがある」にチェックを入れ、説明した内容や、そのときの子どもの様子について、裁判所に伝えておきたいことがあれば、記載しておきます。

「4　お子さんについて、何か心配していることはありますか」

家庭裁判所は、親権や面会交流が争点となっている場合には、子どもの状況、子どもの気持ちを確認するために、家庭裁判所調査官が調査をすることがあります。その調査の際に、申立人が心配に思っていることを、あらかじめ把握しておこうという趣旨等からの質問です。

子どもについて、心配していることがあれば、「□ある」にチェックを入れて、その内容を記入します。

「5　お子さんに関することで裁判所に要望があれば記入してください」

この質問の意図は、中立人において、子どもに関することで要望があれば、できる限り配慮して調停を進めたいとの意図からです。子どもに関することで、裁判所に要望があれば記入します。

たとえば、「夫は、長男・長女との面会を希望していますが、現在は、子どもたちの精神状態が安定していないので、この点を配慮していただけるようお願いします」等と記載します。

令和　　年（家　　）第　　　　号

お子さんについての事情説明書

この書類は、申立人と相手方との間に未成年のお子さんがいる場合に記載していただくものです。あてはまる事項にチェックをつけ、空欄に具体的に記入して、申立ての際に提出してください。

なお、この書類は、相手方には送付しませんが、相手方から申請があれば、閲覧やコピーが許可されることがあります。この書面は、非開示希望の申出の対象としませんので、相手方等に知られては困る内容を記載しないでください。

1　現在お子さんを主に監護している人は誰ですか。	■　申立人 □　相手方 □　その他（　　　　　　　　　　）
2　お子さんと別居している父または母との関係について、記入してください。 ＊　お子さんと申立人及び相手方が同居している場合には記載する必要はありません。	□　別居している父または母と会っている。 □　別居している父または母と会っていないが、電話やメールなどで連絡を取っている。 ■　別居している父または母と会っていないし、連絡も取っていない。 →上記のような状況となっていることについて理由などがあれば、記載してください。 長男と長女が今は、夫と会いたくないと言っています。
3　お子さんに対して、離婚等について裁判所で話合いを始めることや、今後の生活について説明したことはありますか。	■　説明したことはない。 □　説明したことがある。 →説明した内容やそのときのお子さんの様子について、裁判所に伝えておきたいことがあれば、記載してください。
4　お子さんについて、何か心配していることはありますか。	□　ない ■　ある →心配している内容を具体的に記載してください。 夫が私に大声で怒鳴るところを、長男も長女も見てしまいました。2人とも精神的にショックを受けたようで心配です。
5　お子さんに関することで裁判所に要望があれば記入してください。	夫は、子どもたちとの面会交流を希望していますが、子どもたちの精神状態が安定しないので、この点のご配慮をお願いいたします。

令和　○　年　○　月　○　日　　申立人　甲村花子　㊞

3 進行に関する照会回答書の書き方

この書類は、調停委員会が事前に、相手が話し合いに応じるか、円滑な話し合いが可能か等の相手方の情報を把握して、円滑な調停の進行に役立てようとするものです。

「1　この申立てをする前に相手方と話し合ったことがありますか」

調停申立をする前に、離婚について話し合いがあったかどうかを確認する質問です。話し合いがあれば、「□ある」にチェックを入れ、そのときの相手方の様子にチェックを入れます。事前に話し合いがある場合には、調停期日において、具体的にどのような話し合いが行なわれたのかをたずねられることでしょう。

「2　相手方は裁判所の呼出しに応じると思いますか」

相手に調停について話をして、相手が応じそうなら「□応じると思う」に、相手が応じないと明言している場合には、「□応じないと思う」にチェックを入れますが、わからなければ「□分からない」にチェック入れておけばいいでしょう。

「3　調停での話合いは円滑に進められると思いますか」

相手と事前に話し合いをして、揉めていないようであれば、「□進められると思う」に、激しく対立して円滑に調停での話し合いができそうになければ、「□進められないと思う」にチェックを入れます。どちらかわからなければ「□分からない」にチェックを入れておきます。

「4　この申立てをすることを相手方に伝えていますか」

事情にもよりますが、裁判所から呼出しが来ると、多くの人は驚きますので、申し立てをする前に、事前に相手に、調停で話し合いをすることについて伝えておいてください。直接、面と向かって言いにくい場合には、手紙でもかまいません。2章の5項に手紙の例文をあげていますので、参考にしてください。

「5　相手方の暴力等がある場合には、記入してください」

相手方に暴力や暴言がある場合には、その内容や頻度について記入します。裁判所でも暴れる可能性がある相手方の場合には、そのように書いておきます。裁判所もその可能性を踏まえて、警備をする等対応します。

「6　調停期日の差し支え日等があれば書いてください」

調停は、平日の午前10時から正午、午後1時30分から午後5時の間に行なわれます。そこで、指定時間は、午前10時か午後1時30分からスタートすることが一般です。差し支える日があれば、裁判所が配慮してくれますので、記入しておきましょう。

「7　裁判所に配慮を求めることがありますか」

ここには、相手が暴力を振るっていた等、もし相手と顔を合わせることが怖いという場合には、「相手から暴力を振るわれていたため、顔を合わせるのは怖いので、裁判所内で顔を合わせることがないように、ご配慮をお願いいたします」と書いておくとよいでしょう。

近時、裁判所では、手続説明については、当事者双方が、調停室で一緒になって説明を行なうという運用を進めていますので、相手と顔を合わせることに抵抗がある場合には、この照会書で、事前に裁判所に要望を出しておいてください。

年（家　）第　　　号

進行に関する照会回答書（申立人用）

この書面は，調停を進めるための参考にするものです。あてはまる事項にチェックをつけ（複数可），空欄には具体的な事情等を記入して，申立ての際に提出してください。

1　この申立てをする前に相手方と話し合ったことがありますか。	■　ある。（そのときの相手方の様子にチェックしてください。） ■ 感情的で話し合えなかった。　□ 冷静であったが，話合いはまとまらなかった。 □ 態度がはっきりしなかった。　□ その他（　　　） □　ない。（その理由をチェックしてください。） □ 全く話合いに応じないから。　□ 話し合っても無駄だと思ったから。 □ その他（　　　）
2　相手方は裁判所の呼出しに応じると思いますか。	■　応じると思う。 □　応じないと思う。 □　分からない。 （理由等があれば，記載してください。）
3　調停での話合いは円滑に進められると思いますか。	□　進められると思う。 □　進められないと思う。 ■　分からない。 （理由等があれば，記載してください。）
4　この申立てをすることを相手方に伝えていますか。	■　ある。 □　伝えていない。 □ すぐ知らせる。　□ 自分からは知らせるつもりはない。□ 自分からは知らせにくい。
5　相手方の暴力等がある場合には，記入してください。	1　相手方の暴力等はどのような内容ですか。 ■大声で怒鳴る・暴言をはく。　□物を投げる。　□殴る・蹴る。　□凶器を持ち出す。 (1) それはいつ頃のことですか。 令和5年　2月　頃　から　現在　頃　まで (2) 頻度はどのくらいですか。 月に　2　回 2　相手方の暴力等が原因で治療を受けたことはありますか。 ■ない　□ある（ケガや症状等の程度　　　） 3　配偶者暴力に関する保護命令について，該当するものをチェックしてください。 ■申し立てる予定はない。　□申し立てる予定である。 □申し立てたが，まだ結論はでていない。　□申し立てたが，認められなかった。 □認められた。　※保護命令書の写しを提出してください。 4　相手方の調停時の対応について ■裁判所で暴力をふるうおそれはない。 □申立人と同席しなければ暴力をふるうおそれはない。 □裁判所職員や第三者のいる場所でも暴力をふるうおそれがある。 □裁判所への行き帰りの際に暴力をふるうおそれがある。 □裁判所に凶器を持ってくるおそれがある。 □裁判所へ薬物，アルコール類を飲んでくるおそれがある。
6　調停期日の差し支え日等があれば書いてください。 ※ 調停は平日の午前または午後に行われます。	申立人（あなた）の差し支え日等 □　いつでも出席できる　□　差し支える日がある（　月　日，　月 ■　次の曜日はさけてほしい（□月　■火　□水　■木　□金） □　日にちはいつでもよいが，□午前・□午後にしてほしい。 相手方の差し支え日等について，お分かりの事情がありましたら，お書きください。
7　裁判所に配慮を求めることがありますか。	相手のことが怖いので、直接顔を合わせることのないようご配慮願います。

【　○　年○月○日　　　申立人　甲村　花子　㊞】

4 章

生活費を払ってくれないときには、婚姻費用の分担請求調停も

1 婚姻費用の分担請求調停って何？

Q 別居した後の生活費を夫に払ってもらうことはできますか？　その場合、どれくらい払ってもらえるのでしょうか？

A 夫に生活費を求めても払ってくれない場合、婚姻費用の分担請求の調停申し立てをすることで、生活費を払ってもらうことができます。金額については「算定表」をもとに、相手の収入と自分の収入を参照しながら、調整が図られます。

(1) 婚姻費用の分担請求調停とは？

相手から生活費の送金がないか少ない場合には、「婚姻費用の分担請求調停」を申し立てることを検討してみてください。

婚姻費用の分担請求調停とは、「別居期間中、離婚が成立するまでは、婚姻費用、すなわち自分や子どもが生活していくために必要な費用を送金してください」と求める調停です。

婚姻費用の分担請求は、法律上、夫婦には、お互いに協力して助け合う義務があることに基づくものです。

妻が一方的に家を出た場合であっても、夫婦不和の原因が夫になくても、裁判所の判断では、原則として、婚姻費用の分担請求は認められています。

もっとも、妻が有責配偶者（たとえば、不倫をして家を出た場合）には、自分の分の婚姻費用の分担請求は認められない傾向にありますが、その場合でも子どもの分については、認められます。

夫婦に未成年の子どもがいない場合でも、妻の収入が夫より低い場合には、妻から夫への婚姻費用の分担請求が認められます。未成年の子どもがいる場合には、離婚前には婚姻費用、離婚後は養育費となりますが、離婚後は自分自身の扶養分がなくなるため、婚姻費用より少なくなるのが通常です。

婚姻費用について調停での話し合いがまとまらない場合、調停は不成立となりますが、婚姻費用の分担請求調停の場合、「審判手続」が開始され、裁判官が必要な審理を行なった上で、**「審判」**という裁判所の判断が下されます。

⑵ 生活費を払ってくれないなら、すぐに婚姻費用の分担請求調停申立を

離婚調停やその後の離婚裁判は、長く時間がかかることもあります。そのときに、生活の基盤が確保できていないと、相手の提示する条件が悪くても、早く離婚をしたいばかりに同意してしまいかねません。離婚問題を乗り越えるためにも、相手にきちんと婚姻費用を払ってもらいましょう。

婚姻費用の分担請求調停を申し立てれば、相手に収入があれば、ほぼ確実に婚姻費用を支払ってもらえます。また調停申立日からの婚姻費用は確保されるので、相手が生活費を送ってくれないならば、早めに申し立てをしましょう。

そして、婚姻費用を確保しておくことは、相手に離婚を求める際の重要なポイントになります。

というのも、相手としては、別居して夫婦の生活実態はないのに、婚姻費用の負担をしなければならない状況に置かれます。相手が復縁を望んでいても、別居が解消されず生活費の送金をしばらく続けていくと、「別居して夫婦の生活実態はないのに、ただお金を払うだけならば、早く離婚した方がいいか」と、離婚に同意してくれることもあるのです。

また、相手が高額な婚姻費用を負担している場合には、離婚条件が悪くても早く離婚を成立させたいと思うものです。婚姻費用の支払いを確保しておくことで、離婚調停を有利に進

めやすくなります。

⑶ 婚姻費用の金額はどのように決まる?

婚姻費用の金額は、民法で「その資産、収入、その他一切の事情を考慮して、その程度や内容を決める」とされています。

婚姻費用の分担請求調停も、話し合いですから、お互いの意向が尊重されますが、資産や収入等の事情を考慮しつつ、その金額は、家庭裁判所が作成した「算定表」から出された算定額が重要視されます。

調停では、自分の収入と相手方の収入を参照しながら、算定表にある金額ゾーンの中で調整が図られることが多いようです。

自分が、婚姻費用の分担請求をする側(権利者)であれば、相手(義務者)の収入は高く、自分の収入が低い方が、婚姻費用の金額は高くなります。

双方の収入は、会社員や公務員といった給与取得者なら、源泉徴収票や課税証明書、自営業なら確定申告書といった書類から確認されます。

給与所得者の場合、源泉徴収票の「支払金額」、課税証明書の場合は「給与の収入金額」を確認します。

自営業の場合、算定表にあてはめる収入金額を出すのは、基本的には、確定申告書の「課税される所得金額」を見ますが、税法上控除されたもののうち、現実に支出されていない費用等（たとえば、青色申告特別控除、配偶者控除、扶養控除、基礎控除等）は「課税される所得金額」に加算します。

(4) 婚姻費用は、いつから払ってもらえる？（婚姻費用の分担の始期）

裁判所が婚姻費用について判断するとき、調停を申し立てた時点以降の分についての婚姻費用の分担請求が認められるのが普通です。つまり、別居してから調停申立の間の婚姻費用の分担請求は認めてくれません。その意味でも、別居してから、相手が生活費を渡してくれない場合には、すぐに調停を申し立てた方がよいでしょう。

もっとも、調停では、別居時にさかのぼって婚姻費用を払うことに相手が同意をしてくれれば、その内容で調停は成立しますから、まずは相手に対して、「別居時からの婚姻費用を払って欲しい」と言ってみてください。

また、未払いの婚姻費用については、財産分与の際に考慮されることもあります。

(5) 婚姻費用はいつまでもらえる？（婚姻費用の分担の終期）

婚姻費用は、婚姻期間中で、別居中に認められるものですから、①離婚が成立したとき、あるいは、②別居が解消されたときに、婚姻費用支払義務は消滅します。

(6) 婚姻費用の調停が成立した後、支払義務を負っている夫（または妻）が、払ってくれない場合にはどうすればいい？

まずは、相手に対して請求をしてみましょう。それでダメなら、家庭裁判所を通じて「履行勧告」を行ない、それでもダメなら「強制執行」で取り立てましょう。

婚姻費用の分担請求調停が成立し、支払いの約束が調停調書に記載されると、確定した審判と同じ効力を持ちます。つまり、相手が婚姻費用を支払ってくれない場合には、相手が持っている財産、給料に対して強制執行をすることができます。

婚姻費用は、養育費と同じように、差し押さえの範囲が通常の債権より広く（4分の1が2分の1に）、期限が到来していない将来の債権についても差し押さえをすることができる等「特別の債権」として優遇されています。

2 婚姻費用の分担請求調停の申立書の書き方

Q 婚姻費用の分担請求調停の申し立ては、どうすればいいですか?

A 離婚調停申立と同じように、調停申立書に必要事項を記入し、印紙を貼って、必要な添付種類と合わせて家庭裁判所に提出します。手続きは簡単です。

(1) 申立書の書き方

● 申立ての趣旨

婚姻費用の支払いを求める側の場合、

「(■相手方)は(■申立人)に対し、婚姻期間中の生活費として、次のとおり支払うとの(■調停)を求めます」とチェックを入れてください。

具体的な金額を求める場合、たとえば5万円であれば、「① 毎月(■金50000円)

を支払う」とチェックし、金額を記入します。金額がわからず、算定表に委ねたいと考えている場合には、「■相当額」にチェックを入れます。

相手がどれくらいの収入があるか不明な場合には、申し立ての段階では「相当額」としつつ、調停で相手の収入がわかった段階で、算定表を参照しつつ、具体的な金額を求めていくというやり方がよいでしょう。

●申立ての理由

「同居・別居の時期」については、相手と初めて同居をした日と別居をした日について記入します。

●婚姻費用の取決めについて

婚姻費用の取決めが、あるかないかをチェックし、「あり」の場合には、その取決めの種類や内容を記入します。

●婚姻費用の支払状況

支払状況についてチェックを入れます。

別居後、ある時期まで婚姻費用が支払われていた場合には、「■○年○月ころまで、毎月○円が支払われていたが、その後、■支払いがない」と記入します。

別居後、一切支払いがない場合には、「■これまで支払いはない」にチェックを入れます。

(2) 必要な添付書類

- 夫婦の戸籍謄本（全部事項証明書）
- 申立人（自分）の収入関係の資料（源泉徴収票、給与明細等の写し）

もし、相手の収入関係資料が手元にあるのであれば、それを加えて出すとよいでしょう。なお、源泉徴収票を提出する際には、マイナンバーにはマスキングをします（他に裁判所に出す書類に、マイナンバーの情報があれば必ずマスキングをする必要があります）。提出する書類に相手に知られたくない情報（たとえば住所）の記載がないかをよく確認し、もしあれば、それもマスキングすることを忘れないようにしましょう。

(3) 申し立てに必要な費用は？

収入印紙分1200円分と、裁判所が相手に書類を送るための切手が必要となります。切手代は申し立てをしようとする家庭裁判所に確認してください。

(4) どこの裁判所に申し立てをする？

離婚調停と同じように、相手方の住所地にある家庭裁判所か、当事者が合意で定めた家庭裁判所になります。

別居によって、自分と相手の住んでいる地域が変わった場合、原則として、相手が住んでいる地域の家庭裁判所に申し立てをしなければなりません。

もっとも、電話会議システムを利用することによって、調停は遠方の裁判所で行なわれるとしても、自分は近くの家庭裁判所に出向いて、調停に参加することができる場合がありますので、裁判所が遠方だからといって、婚姻費用の分担請求調停を諦める必要はありません。申し立ての際に、裁判所職員に、電話会議での調停出席が可能かどうか相談してみましょう。

(5) 調停の進み方

離婚調停と同様に、申立人からまず事情を聴き、その後、相手方から事情を聴くという進行になることが多いようです。婚姻費用の分担請求調停と同時に離婚調停も申し立てている場合には、同じ調停委員や裁判官のもとで、離婚調停と婚姻費用の分担請求調停が進行していく場合が多いでしょう。

この申立書の写しは，法律の定めるところにより，申立ての内容を知らせるため，相手方に送付されます。

※　申立ての趣旨は，当てはまる番号を○で囲んでください。
　　□の部分は，該当するものにチェックしてください。

申　立　て　の　趣　旨
（■相手方　／　□申立人　）は，（■申立人　／　□相手方　）に対し，婚姻期間中の生活費として，次のとおり支払うとの（■調停　／　□審判　）を求めます。 ※　1　毎月（■　金＿50,000＿円　／　□　相当額　）を支払う。 　　2　毎月金＿＿＿＿円に増額して支払う。 　　3　毎月金＿＿＿＿円に減額して支払う。

申　立　て　の　理　由
同　居　・　別　居　の　時　期
同居を始めた日…昭和・（平成）・令和＿30＿年＿4＿月＿○＿日　　別居をした日…昭和・平成・（令和）＿5＿年＿5＿月＿○＿日
婚　姻　費　用　の　取　決　め　に　つ　い　て
1　当事者間の婚姻期間中の生活費に関する取決めの有無 　□あり（取り決めた年月日：平成・令和＿＿年＿＿月＿＿日）　■なし 2　1で「あり」の場合 （1）取決めの種類 　□口頭　□念書　□公正証書　　　＿＿＿＿家庭裁判所＿＿＿＿（□支部　／　□出張所） 　□調停　□審判　□和解　→　平成・令和＿＿＿年（家＿＿）第＿＿＿＿号 （2）取決めの内容 　（□相手方　／　□申立人）は，（□申立人　／　□相手方）に対し，平成・令和＿＿年＿＿月から＿＿＿＿まで，毎月＿＿＿＿円を支払う。
婚　姻　費　用　の　支　払　状　況
□　現在，毎月＿＿＿＿円が支払われている（支払っている）。 □　平成・令和＿＿年＿＿月ころまで，毎月＿＿＿＿円が支払われていた（支払っていた）が，その後，（□減額された（減額した）。　／　□支払がない（支払っていない）。） □　支払はあるが，一定しない。 ■　これまで支払はない。
婚姻費用の分担の増額又は減額を必要とする事情（増額・減額の場合のみ記載してください。）
□　申立人の収入が減少した。　□　相手方の収入が増加した。 □　申立人が仕事を失った。 □　申立人自身・子にかかる費用（□学費　□医療費　□その他）が増加した。 □　その他（＿＿＿＿＿＿＿＿＿＿＿＿＿＿＿＿）

婚姻費用（2/2）

3 婚姻費用の分担請求調停活用のコツ

Q 婚姻費用の分担請求調停のときに、有利に話し合いを進めていくには、どのようなことに気をつければいいでしょうか？

A 算定表を念頭に置きつつ、入力する相手方や自分の収入額の検討を行ないます。また、家計収支表を活用する等して、具体的に必要な生活費を求めていくとよいでしょう。

(1) 算定表を踏まえつつも、合意による修正は可能

婚姻費用の金額を調整するにあたって、調停において、算定表は重要視されます。そこで、自分の収入や相手の収入を算定表にあてはめるとどうなるかは事前に確認し、予測しておきましょう。

しかし算定表で割り出された婚姻費用の金額は、絶対的なものではなく、当事者間で合意

ができれば、それ以上やそれ以下の額でも、調停を成立させることができます。

そこで、請求する側としては、算定表の基準を念頭に置きつつも、相手の収入や生活状況を踏まえて、多めの金額を求めて、相手の反応を見てみるということでよいと思います。

(2) 相手の収入の上方修正はできないか

算定表では、相手の収入が多ければ多いほど、婚姻費用の額は増える関係にあります。そこで、相手が提出した昨年度の源泉徴収票の「支払金額」に比べて、今年の相手の収入が大幅に増加している場合には、相手に直近の給与明細書3か月分や賞与明細書を開示するように促してみましょう。

それらの書類を確認して、年収が増加していることがわかったら、その金額を算定表にあてはめるように主張してみます。

(3) 自分の収入の下方修正はできないか

権利者である自分の収入が、源泉徴収票や課税証明書から形式的に出された金額より減少している場合には、直近の給与明細書3か月分を示す等して、減少していることを説明してください。

(4) 自分の生活費の具体的説明をする

算定表に自分と相手の収入金額をあてはめて算出された金額では、生活費が足りないという場合、たとえば、子どもに病気があって治療費がかかるような場合には、家計収支表（2章1項(2)参照）を活用する等して、必要な生活費を具体的に説明し、相手にこれだけの婚姻費用にして欲しいと伝えてみましょう。

(5) とりあえず別居時からの婚姻費用を請求する

婚姻費用の始期は、裁判所の判断（審判）に委ねた場合には、調停を申し立てた時点からになりますが、希望としては、とりあえず別居時からの婚姻費用を請求してみましょう。

相手が別居時からの支払いに同意してくれれば、受領することができます。その場合には、未払い分の婚姻費用の支払方法について、調停条項に入れるよう申し入れします。また、別居時からの未払い分の婚姻費用については、離婚の財産分与の際に清算するように申し入れることもできます。

たとえば、財産分与対象金額が２００万円で、普通に夫婦で分ければ１００万円ずつのところ、別居時からの未払い婚姻費用の分担額が60万円あるならば、婚姻費用の分担の権利者１６０万円、義務者40万円という形で分けるのです。

婚姻費用・子1人表（子0～14歳）

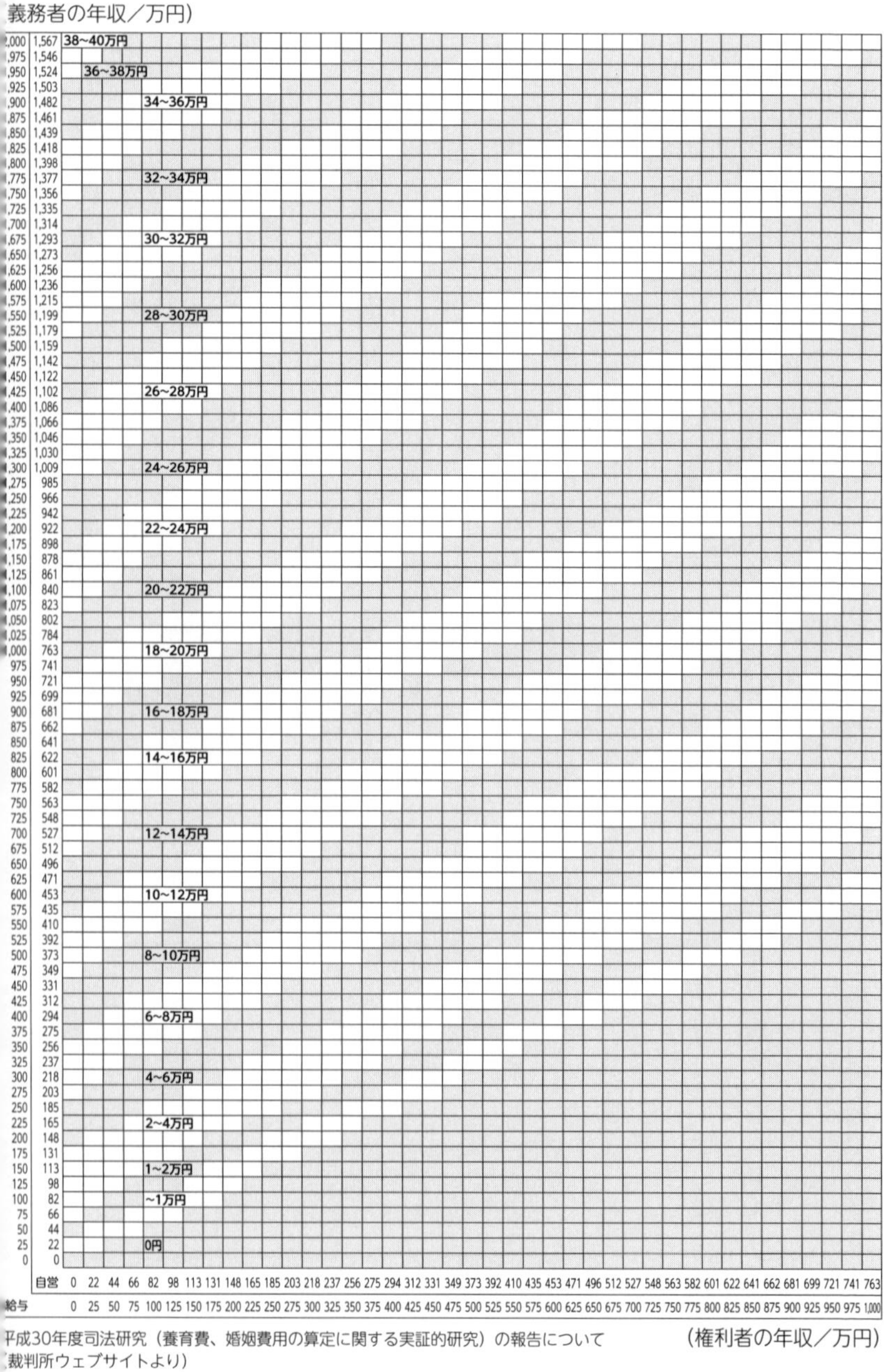

（義務者の年収／万円）
38～40万円
36～38万円
34～36万円
32～34万円
30～32万円
28～30万円
26～28万円
24～26万円
22～24万円
20～22万円
18～20万円
16～18万円
14～16万円
12～14万円
10～12万円
8～10万円
6～8万円
4～6万円
2～4万円
1～2万円
～1万円
0円
給与: 2,000 1,975 1,950 1,925 1,900 1,875 1,850 1,825 1,800 1,775 1,750 1,725 1,700 1,675 1,650 1,625 1,600 1,575 1,550 1,525 1,500 1,475 1,450 1,425 1,400 1,375 1,350 1,325 1,300 1,275 1,250 1,225 1,200 1,175 1,150 1,125 1,100 1,075 1,050 1,025 1,000 975 950 925 900 875 850 825 800 775 750 725 700 675 650 625 600 575 550 525 500 475 450 425 400 375 350 325 300 275 250 225 200 175 150 125 100 75 50 25 0
自営: 1,567 1,546 1,524 1,503 1,482 1,461 1,439 1,418 1,398 1,377 1,356 1,335 1,314 1,293 1,273 1,256 1,236 1,215 1,199 1,179 1,159 1,142 1,122 1,102 1,086 1,066 1,046 1,030 1,009 985 966 942 922 898 878 861 840 823 802 784 763 741 721 699 681 662 641 622 601 582 563 548 527 512 496 471 453 435 410 392 373 349 331 312 294 275 256 237 218 203 185 165 148 131 113 98 82 66 44 22 0
自営 0 22 44 66 82 98 113 131 148 165 185 203 218 237 256 275 294 312 331 349 373 392 410 435 453 471 496 512 527 548 563 582 601 622 641 662 681 699 721 741 763
給与 0 25 50 75 100 125 150 175 200 225 250 275 300 325 350 375 400 425 450 475 500 525 550 575 600 625 650 675 700 725 750 775 800 825 850 875 900 925 950 975 1,000
（権利者の年収／万円）

平成30年度司法研究（養育費、婚姻費用の算定に関する実証的研究）の報告について
（裁判所ウェブサイトより）

5
章

離婚調停期日における やりとりのコツ

1 自分の希望を確認し、相手にしっかり伝える

まずは、自分が相手に何を求めているのか、何をして欲しいのかを明確にします。離婚の意思は固いのか、親権や面会交流、養育費、財産分与、慰謝料についてはどのようにしたいのか、離婚後の生活も予測しながら、希望をまとめてみましょう。

次に、自分の希望を相手にしっかりと伝えることです。調停申立書の「申立ての趣旨」を通じて、結論として何を求めているのかは、相手に伝わっているところですが、調停期日では、調停委員を通じて、口頭でもしっかり相手に何を求めているのかを伝えます。

離婚調停ですから、相手は、離婚を要求されていることはわかっていますが、口頭で明確に「○○の理由から離婚したい」と調停委員を通じて言われると、「そんなに離婚をしたいのなら、受け入れるしかないか」と思うこともあります。

また、離婚自体については「離婚したい」と伝えていても、親権や養育費、面会交流、財産分与等は、あいまいにしていることもよくあります。

調停申立書の「申立ての趣旨」をもとに、自分が相手に何を望むのかを明確にして、調停委員を通じて相手にしっかりと伝えていきましょう。

たとえば、こちらが離婚したいということ、子の親権は自分に、養育費は5万円、財産分与については、預金の半分等と希望を伝えます。

「何をして欲しいか」を明確に相手に伝えることは、話し合いの出発点です。「何をして欲しいか」という結論の部分があいまいなままで、相手に自分の希望を明確に伝えていないこともあります。その結果、自分の希望に対する相手の反応も当然なく、何が問題となっているのか、お互いによくわからないこともあるのです。

相手に対して、自分の希望を明確に伝えることで、案外、相手もその希望を了承してくれたり、それほど自分と相手の希望との食い違いがないことがわかることもあります。

希望を伝えるときには、その結論とともに理由も合わせて伝えます。相手が離婚をしたくないというときには、自分がどうしても離婚したいと思う理由を、事実をもとに伝えてください。たとえば、不倫をした、暴力を振るったといった事実です。

2 相手の言い分をよく聴いて、自分の主張との違いを確認する

自分の希望を伝えれば、相手からそれに対する回答が出てきます。自分の希望のすべてに相手が了承してくれたら、それで調停は成立しますが、そう簡単にはいきません。自分の希

	自分の希望	相手の希望	争点の有無・程度
離婚	離婚したい	同意	○
親権	自分に	同意	○
養育費	月5万円	月3万円	争点　2万円の差額
面会交流	月1回なら	月2回 1回は宿泊	争点　月1回か2回か 月1宿泊の有無
財産分与	預貯金半分 車の名義を自分に	同意	○
慰謝料	200万円	払わない	争点　200万円の差

望それぞれに対して、相手がどのような回答をしたのか、調停委員を通じてよく確認します。表にしてまとめるとよいでしょう。

相手に離婚を求めているのに、相手が「離婚したくない」と拒否している場合には、離婚を前提とした離婚条件（親権や財産分与等）の話は出てきませんが、離婚については同意していて、離婚条件について食い違いがある場合には、どの点に、どのような食い違いがあるのかを確認していきます。

自分と相手の希望が食い違っている点を「争点《そうてん》」と言いますが、この争点について、どのように調整をしていくのかが、調停のポイントになってきます。この争点について、話し合いを重点的に行なっていくのです。

争点については、相手の反論、言い分をしっかりと聴き取りましょう。相手の反論や言い分を聴くことは、正直面白くないところですが、相手の言い分をよく聴くことから、次の自分の対応策を考えることができますからしっかりと聴きましょう。

相手がどのような理由から自分の希望を受け入れてくれないのか、相手の主張と自分の希望・主張と違うところを確認します。自分が相手に求める希望と相手の回答の差を確認します。

そして、そのギャップを埋めていくために、相手に何を伝え、どのような裏付け証拠を出していけばいいのか、またそこから、新しい解決案を導くことができないかどうかを考えていきます。

たとえば、養育費について、相手と食い違いがある場合には、現在かかっている子どものための費用の明細や自分の給与明細を示して、「最低○○円は必要です」と伝えていきます。

3 自分の主張を裏付ける事実について整理して伝える

調停は話し合いですが、裁判になったらどのような結論になるのかについて、意識して話し合いを進めていくとよいでしょう。調停委員も調停がまとまらずに、もし裁判になったらどうなるかを念頭に置いて調停を進めています。

お互いの希望が食い違っている争点については、話し合いがまとまらずに裁判となれば、裁判官は、法律上の請求権が認められるか、その権利を基礎付ける事実があるのか否かを、証拠や経験則に基づいて判断していきます。

そこで、調停においても、自分の希望が、裁判官の判断に委ねられた場合であっても認められること、法律上の権利があることを指摘すると説得力がアップします。「法律上の権利」は、法律が定めた事実が存在することによって発生します。

たとえば、離婚の場合には、法律上の離婚原因を基礎付ける事実（暴力等）があることを伝えていくことになります。調停では、自分が言いたい権利を基礎付ける事実がいったい何かを意識して、整理して伝えていくとよいでしょう。

4 自分の主張する事実について、裏付ける証拠があれば提出して見てもらう

自分が主張する事実について、それを裏付ける証拠があれば、そのコピーを最初の調停期日に提出するといいでしょう。そうすることで、相手もその事実を認めて、こちらの希望に沿う回答をしてきたり、そうでなくても話し合いのポイントが絞られて、話し合いがスムーズに進みやすくなります。

証拠は、相手が事実を争ってきた場合に、主に意味を持つものではありますが、事前に相手に見てもらうことで、相手を納得させやすくなります。

5 自分の主張する事実と相手が主張する事実の同じところと違うところを整理する

相手の言い分を聴いたら、自分が主張する事実と相手の主張する事実とを照らし合わせて、同じところと食い違っているところを仕分けして、整理します。

整理の仕方は、紙の真ん中に線を引いて、線の左側が自分の主張、右側に相手の主張と、主張対照表をつくるとよいでしょう。これは多くの調停委員がやっている作業です。

この作業をしてみると、同じところも結構あることに気がつきます。相手と揉めているからといって、全部が全部言っていることが食い違っているというわけではありません。同じところがあれば、その事実は前提として、話を進めてもよいことに

主張対照表の例

自分の主張	相手の主張
・〇年〇月〇日に、夫は、私の顔を数回平手で叩いた。 ←	平手で叩いたことはない。
・〇年〇月ころ、夫は、B女と不倫をした。 ←	不倫をしたことは認めるが、妻に謝罪して、
・許したことはない。 →	許してもらった。

なります。違っているところがわかったら、そこが「争点」として、話し合いの力点を置くところになります。

たとえば、もし、暴力があったことについて、こちらが主張している場合、相手が暴力を振るったことについて認めたならば、その事実は「争いのない事実」として、それを前提に次の話し合いを進めていいし、他方で、暴力を振るったことはないと、事実を否定してきた場合には、その事実があったかどうかが問題となってきます。

6 相手と主張する事実が食い違ったところについて、何か自分の主張を裏付ける証拠がないかを考えて、あれば提出をする

自分と相手の主張が食い違ったところについては、何か自分の主張を裏付ける証拠がないかを考えて、それがあるならば提出して、調停委員と相手に見てもらいます。食い違ったところについては、すぐには、その事実があったものとすることはできません。ここで、その事実を裏付ける証拠が必要になってくるのです。

7 お互いが納得できる解決案がないかを探ってみる

自分の主張する権利を基礎付ける事実や事実を裏付ける証拠の提出、そして理由をつけた意見を出すことによって、相手が、自分の希望を受け入れてくれることがあるかもしれません。相手が考え直してくれた結果、相手から出された案で、こちらも納得できるならば、それで合意成立、調停成立となります。

たとえば、慰謝料が争点の場合、当初はこちらが１００万円を請求し、相手が１円も払わないと言っていたところ、調停でのやりとりを通じて、相手が30万円なら払うといった解決案が出され、こちらがそれでよしとして、調停を成立させることもできるのです。こちらとしても、相手の言い分や理由を聴いて、当初の請求金額１００万円にこだわらなくていいという考えになるかもしれません。

ただ、その提案で納得ができない場合、こちらからも解決案を提案できないかを考えてみるといいでしょう。慰謝料30万円では合意ができないが、50万円ならいいといった再提案もあるところです。

8

相手の言い分を聴いた上で、当初の自分の主張に縛られない、新しい解決案を提案してみる

自分の主張や証拠を出し、相手もそれに対する主張や証拠を出して、その全体を眺めながら、この問題を解決するためには、どうすればいいのか考えてみるといいでしょう。

当初とは違った情報が、そこにあります。把握している情報が違えば、判断も変わる可能性があります。その結果、当初とは違ったものの見え方ができるかもしれません。頑なだった心境にも変化が現われるかもしれません。

その上で、改めて、解決案を提案してみます。解決案を出す際には、相手の言い分も尊重した上で、相手も受け止めやすい理由をつけるとよいでしょう。自分から新たな提案を出して、相手が受け入れたら調停成立です。また自分が出した提案そのものでは、相手が同意しなくても、相手が代案を出してきて、それを了承できれば、それでもＯＫです。

そのような、自分と相手との「ボール」のやりとりによって、合意が成立することもあります。複数の争点、たとえば、養育費の額と財産分与が争点になっている場合、養育費の金額については、相手の意向を尊重しつつ、財産分与においては多めに分与をしてもらうといった調整も可能となります。柔軟に解決案を考えてみましょう。

9 タイミングを見て、調停委員に調停案を出すように促してみる

そのような当事者間の主張のやりとりで合意に至らなかった場合にも、すぐに解決をあきらめる必要はありません。せっかく中立的な第三者で、裁判官もいる調停委員会が間に入ってくれているのですから、調停委員会が考える解決案も聞いてみましょう。

調停委員会の方から、「調停案を出しましょうか」と言われることもありますが、そうでない場合にも、こちらから「調停案を出してもらえませんか」と頼んでもいいのです。

調停案を出してくださいと頼んだからといって、出された調停案を必ずしも受け入れる必要はなく、納得ができなければ拒否することもできます。調停案は、公平中立な第三者である調停委員会が、当事者双方の言い分や出された証拠を踏まえて、双方の解決にとって望ましいと考えて出された解決案ですから、調停委員会がどうしてそのような調停案を出したのかよく聴いた上で、慎重に検討し、調停案を受け入れるかどうかを考えてください。

出された調停案が妥当なものかどうかよくわからなければ、一度持ち帰って、弁護士に相談するとよいでしょう。

10. 調停案で納得できない場合には、代案を出してみる

調停案を慎重に検討してみて、それでも納得ができない場合には、それを拒否してもかまいません。ただ調停案を受け入れられない場合でも、単純に「ＮＯ」として、調停を不成立にしてしまうのではなく、その調停案を踏まえて、どういう解決案だったら受け入れられるのか代案を考え、それを調停委員会に伝えるとよいでしょう。代案を出すことで、調整が行なわれ、合意に至ることもあります。

COLUMN

調停委員の態度や言動に問題がある場合にはどうするか

「調停委員が相手の言い分を鵜呑みにして、私に一方的に問題があるという態度で、相手側に偏る発言をして困ります。どうすればいいのでしょうか」という相談を受けることがあります。

調停委員は、中立公平な立場で、双方の言い分を聴きつつ調整を図る役割ですから、一方に偏ることはあってはなりません。

その調停委員に直接、面と向かって抗議をしてもいいのですが、なかなか難しいかもしれません。そのような場合には、担当の書記官に、調停委員の問題のある言動や態度について具体的に伝えて、改善を求めてください。あまりにひどい場合には、調停委員の交代を求めてもかまいません。そうすると、担当書記官はそのことを担当裁判官に伝えますから、裁判官からその調停委員に改善指導が行なわれると思います。

6

章

離婚調停物語
——ストーリーでよくわかる離婚調停

1 第1回調停期日まで

離婚調停の申し立てをすると、しばらくした後、裁判所から期日の指定通知が来ます。相手方にも同様に、「○月○日の○時に○○家庭裁判所に来てください」と呼び出しがかかります。

家庭裁判所に出かける際には、調停申立書や添付書類の控え、裁判所からの書類を持参します。また準備しておいた時系列表や家計収支表、収入に関する書類を持っていくとよいでしょう。

さて、離婚調停期日でのやりとりはどのように進んでいくのでしょうか。冒頭でお話しした「ある夫婦の物語」の続きから、調停がどのように進んでいくのかを見ていきましょう。

2 第1回調停期日(令和5年11月29日)

令和5年11月29日の午前10時に、第1回調停期日は指定された。

澤村春美は、仙台家庭裁判所に、指定のあった時刻の20分前に着いた。5階の調停受付で、女性の裁判所職員に名前を告げると、女性職員が「こちらの番号札の番号でお呼びいたしますので、申立人待合室でお待ちください」と、Ａ４サイズの「５０３」と大きく書いたカードを手渡してくれた。

夫の孝昭が待つ相手方待合室とは別の部屋で、離れた場所にある。当事者同士が顔を合わせないようにという配慮なのだろう。

春美は、申立人待合室のドアを開けて、空いているベンチに腰かけた。自分以外に、４人ほどいた。そのうちの一人は弁護士のようだ。

その若い男性弁護士が、40代の女性に対して話している内容から、彼女もまた離婚調停を申し立てていることがわかった。夫の暴力が申し立ての理由らしい。

番号札の裏を見ると、調停の説明と注意事項が書かれている。ここで話されたことは秘密であること、調停は話し合いであること、しかし調停で決まったことは、強い効力があることと等が書かれていた。待っていると胸の鼓動が高まってきた。

待合室のドアが開き、50代前半の女性が「５０３番の方」と、落ち着いた声でアナウンスをした。「はい」と春美が答えると、その女性は、春美に向かって「お待たせしました。５０３号調停室へどうぞ」と調停室を案内した。

調停室に入ると、60代後半の男性が立っていた。春美と目を合わせると、笑顔で「こちらへおかけください」と声をかけてきた。

調停室は、テレビで見る法廷のイメージと違って、普通の会議室のようだった。楕円のテーブルを囲んでいくつかの椅子が並んでいる。

春美が、男性と女性の向かい側の椅子に腰かけると、二人が順に声を発した。

「はじめまして、調停委員の海永です」と、調停室にいた60代後半の男性が声をかける。その後、待合室に呼びに来た女性が、「調停委員の銀谷です。どうぞよろしくお願いいたします」と挨拶をした。調停委員の海永源太郎は、仙台市役所を定年退職した後、調停委員になった。待合室で待っていた春美を呼びに来た女性は、銀谷由希子調停委員だ。二人とも家事調停委員の他に、民事調停委員も兼務し、調停委員の経験も長い。

海永調停委員は、春美に対して、調停は話し合いであること、ここで話した内容については、秘密が守られていること等の調停の説明をした上で、春美の申し立て内容を、調停申立書を見ながらたずねてきた。調停委員は、緊張している春美にリラックスしてもらおうと、いろいろと気を遣っているようだ。

二人の調停委員の様子から見ると、海永調停委員が主な聴き取り役で、銀谷調停委員は、書記役のようだ。

「春美さん、調停申立書の申し立ての趣旨によると、春美さんは、夫の孝昭さんと離婚したいこと、お子さんの親権者については自分にすること、相当額の養育費を支払って欲しいこと、それから相当額の財産分与と慰謝料を求めておられますね」

春美は、調停申立書の申し立ての趣旨欄を確認した後に顔を上げ、「はい」とうなずいた。

そして、

「養育費については、5万円くらいと考えているのですが、夫の収入に照らして妥当な金額を希望します。また財産分与については、夫がどれくらいの財産を管理しているのかよくわからないので、それがわかってから希望を出したいと考えています。それから、夫のモラハラが辛くてこうして私は離婚を求めていますので、100万円くらいの慰謝料は払って欲しいです」と春美は一気に話した。

春美の話が終わった後、海永調停委員が口を開いた。

「孝昭さんと離婚しようと思った理由は何でしょうか。申立書によると、『精神的に虐待する』というところにチェックが入っていて、今、春美さんは夫のモラハラが辛かったということをおっしゃいましたが、具体的にどのようなことでしょうか」

春美は、「わかりました」とうなずき、夫から受けたモラルハラスメントについて、くわしく話した。

「結婚してから、夫は家事や育児を一切してくれませんでした。夫が令和4年の春に新しい部署に異動になるとストレスからか、機嫌が悪いことが多くなりました。夫は、機嫌が悪いと私にあたり、『俺を怒らせるな！』『怒らせたお前が悪い！』と言うようになったのです。私が何かを言い返そうものなら、夫は、さらに機嫌が悪くなり、『誰のおかげで暮らしていけると思っているのだ！』と怒鳴りました。私は、夫の機嫌を見て暮らす日々に疲れてしまいました。子どもも、私が夫から怒鳴られているのを見て、怯えていました」

春美は、話ながら、辛かった日々を思い出していたのか、その目には涙がにじんでいた。

「そうでしたか……。それは辛かったでしょうね」と、銀谷調停委員がメモを取っていたペンを置いて、春美に声をかけた。

「この調停の前に、孝昭さんと離婚について話し合ったことがあれば教えてください」

「はい。夫には、10月初めに、離婚して欲しいと伝えました。でも、夫は、離婚には応じないと言って、取り合ってくれませんでした。その後、何度か離婚して欲しいと言ったのですが、そのたびに夫は、『そんなに離婚したければ、裁判でもなんでもすればいい！』と怒鳴って、話し合いになりませんでした」

海永調停委員が、メモを取りながら「では、孝昭さんは、離婚することに同意していないのですね」と言った。

「改めて確認しますが、春美さんとしては、孝昭さんと離婚したい気持ちは固いのでしょうか」

春美は、すぐに「はい。離婚したいです。だから調停を起こしたのです」と少しムキになって答えた。

「わかりました。では、春美さんの離婚したい旨の意思を、先ほど春美さんからうかがった理由もつけて、孝昭さんに伝えてみます。

その上で、孝昭さんの現在のお気持ちを確認してみます。しばらく、申立人待合室でお待ちください」と、海永調停委員は諭すように言った。

春美は、申立人待合室に戻った。調停室では30分ほど話をしただろうか。調停委員は優しい感じで、私の話をよく聴いてくれてよかったと春美は思った。

待合室の中は、先ほどより人は減っていた。まだ調停室で話をしている人もいるのだろう。待合室のベンチに腰かけた春美は、持ってきた資料を見ながら考えていた。

「夫はどのような反応をするのだろうか。家を出る前は、『絶対に離婚には応じない』と言っていたが、別居して約2か月がたち、こうして離婚調停に至っても、その気持ちは変わらないだろうか」

30分ほど待った頃、銀谷調停委員が待合室のドアを少し開けながら、「お待たせしました。

どうぞ調停室に」と春美に声をかけた。

春美が調停室の椅子に腰かけると、海永調停委員が、穏やかな表情で口を開く。

「孝昭さんに、春美さんのお気持ちをお伝えしました。それに対して孝昭さんは、『離婚は、子どものためにも避けたいと思っている。たしかに、キツい言葉を言ったことはあるかもしれないが、今は深く反省している。別居を解消して家に戻ってきて欲しい』とおっしゃっています。それから、春美さんに渡して欲しいと、手紙を預かりましたので、お渡しします」

海永調停委員は、そう言いながら、春美の前に2枚の便箋を差し出した。春美が便箋を手に取ってみると、便せんには、孝昭らしい力強い手書きの文字が綴られていた。そこには、春美にキツいことを言ったことについて深く反省していること、でも、それは新しい部署の人間関係でストレスがたまっていていたことが原因だったこと、子どもたちのためにも戻ってきて欲しい、やり直したい、と書かれていた。

春美は、大きくため息をついた。

「やはり、夫は簡単には離婚に応じてくれないのですね。今さらこのようなことを言われても、私の気持ちに変わりはありません。この手紙には、自分の気持ちだけが書かれていて、私の辛かった気持ちを理解しているとは思えません。夫は、私が家に戻っても、また前のように、私を言葉の暴力で縛りつけるでしょう。私が戻ることは考えられません。夫と絶対に離婚したいのです！」

震える声で言いながら、春美は感情を抑えきれずに、目に涙をにじませていた。

二人の調停委員は、春美の言葉を、黙って受け取っていた。そして、少しの沈黙の後、海永調停委員が、静かに口を開いた。

「わかりました。今、春美さんがおっしゃったこと、つまり、孝昭さんからの手紙を見た上でも、離婚をしたい気持ちに変わりがないこと、やはり強く離婚を希望されていることを、孝昭さんに伝えてみて、孝昭さんに離婚に同意するかどうかを考えてもらうようにします」

そして、春美は調停室を出て、再び申立人待合室で待った。

手紙とはいえ、夫が「反省している。戻ってきて欲しい」と言ってきたことは、正直驚いた。もしかしたら、夫は変わっているのかもしれないと、そんな気持ちも少し湧いてきた。

しかし、これまでのことから、夫が変わるとも思えない。手紙には、反省しているとは書いてあったが、私の辛い気持ちを理解したような言葉は一切なかった。今戻ってしまえば、結局、夫は私を家政婦のように扱うだろう。私は、また夫の機嫌を気にしながら生活をしていくことになる。勇気を出して家を出て、離婚調停を申し立てたことが無駄になってしまう。私は離婚して、夫から自由になりたい。絶対に離婚したい……。

そのようなことを考えていると、再び銀谷調停委員から呼び出しがあった。

海永調停委員は、春美が、調停室の椅子に腰かけたのを見て、話し始めた。

「春美さんの離婚したい強い気持ちを、再度孝昭さんにお伝えしました。私からも、現状では、春美さんの意思が固い以上、別居の生活が続くことになると思うので、離婚について考えてみてはいかがでしょうと、孝昭さんに離婚について検討するように話してみました。それに対して孝昭さんは、今日すぐに、離婚をすることに同意はできないが、よく考えてみたいので、少し時間をくださいとのことでした。離婚をするということは、そう簡単に決断できるものではないでしょうから、孝昭さんのおっしゃるとおり、調停の次回期日を入れて、それまでに離婚を受け入れるかどうか考えてもらうことではいかがでしょうか」

春美は少し考える。

たしかに、離婚という一大事をすぐに決めることはできないのかもしれない。これまで、離婚についてはまったく応じてくれなかった夫が、「検討してみる」と言っているのだから、少しは前進したのだろう……。

春美はそう思って、続行期日の指定に応じることにした。

次回期日は、「12月25日の午後1時30分」と指定された。

春美は、第1回調停期日の後、神坂弁護士に相談をした。神坂弁護士からは、もし離婚の決意が固いのであれば、夫に、そのことを次回期日前に手紙で伝えるとよいとアドバイスを受けた。

そこで春美は、自分の離婚したい気持ちが固いこと、別居を解消して戻ることは今後一切ないこと、他方で、離婚に応じてくれる場合には、面会交流については柔軟に応じるつもりであることを書いた手紙を、孝昭に送った。

3 第2回調停期日（令和5年12月25日）

この日は、風が強かった。裁判所の敷地内の木々も枝を大きく揺らしている。

春美は、指定された時刻の10分前に家庭裁判所に来て、書記官室で受付をすませた。この日も、裁判所職員から番号札を渡された。

春美が、中立人待合室で、調停中立書を確認していると、待合室の扉が開いて、銀谷調停委員が春美を見て、「すみませんが、相手方から先にお話しを伺いますので、しばらくお待ちください」と言って微笑んだ。

調停委員は、おそらく夫が、離婚について前向きに考えるようになったのかどうかを先に確認しようとしているのだろう。はたして、夫は離婚することを受け入れてくれるのだろうか。そのようなことを考えると、胸の鼓動が高まるのだった。

30分ほどして、再び銀谷調停委員が待合室の扉を開けて「お待たせしました。どうぞ」と春美に声をかけた。

春美が調停室に入り、椅子に腰かけると、少し間をおいて、海永調停委員が口を開いた。

「お待たせしました。先に、孝昭さんの方から、前回の調停期日での春美さんの強い離婚の意思を受けて、離婚に応じるか否かを検討してもらっていましたが、その回答を聴いていました」

「で、夫は何と?」と春美は勢いよくたずねた。

海永調停委員は、少し微笑んで言った。

「孝昭さんは、やはり春美さんに戻ってきてもらいたいと思いつつ、でも春美さんの強いお気持ちを受けて、離婚を受け入れるそうです」

「ああ、そうでしたか。よかったです!」と安堵の長いため息をつきながら、春美は笑顔になった。

春美のほっとした表情を見ながら、銀谷調停委員が微笑みながら言った。

「先の期日が終わった後に、春美さんから孝昭さんにお手紙を出されたのですね。その手紙を読んで、自分がどうあがいても、もう元に戻ることはできないのだと孝昭さんは思ったそうです」

「そうでしたか。自分の気持ちを夫にわかってもらいたいと思って、手紙を書いて送りました」

海永調停委員が口を開く。

「さて、春美さん、これで離婚についての同意は得られたところですが、この後は、離婚する際の条件面のお話になります。二人のお子さんの親権、養育費、面会交流、またお金の関係で、財産分与と慰謝料について、どうするかです。

離婚の際の条件についての春美さんの希望は、すでに伺っていましたので、孝昭さんの希望を、孝昭さんから伺いました」

再び春美の緊張が高まる。夫は、私の希望を受け入れてくれたのだろうか。

海永調停委員がこれから言う夫の回答をメモしようと、春美はバッグからメモ帳を取り出した。

春美が、メモを取る準備ができたところで、海永調停委員が口を開いた。

「涼太くんの親権については、春美さんの希望のとおりに、春美さんを親権者とすることで、かまわないとのことでした。

養育費については、20歳になるまで月2万円なら支払いに応じるということです。

面会交流については、月に何回と決めるのではなく、涼太くんがよければ、春美さんと連絡を取り合って、会う日を決めていきたいとのことでした。

財産分与については、今、それぞれが持っている名義の預金については、そのまま各自のものにしておくことにしてはどうかということでした。

最後に、慰謝料については、自分に余裕はないので、勘弁して欲しいとのことです」

春美は、夫の言い分についてメモを取った。

春美がメモを取り終わるのを見計らって、海永調停委員が続けた。

「孝昭さんの希望を聴いてみて、春美さんとしては、どのようにお考えになりますか」

春美は、少し考えた後に、孝昭の希望を書き留めたメモを見ながら話し出した。


「まず、養育費については、子どもにかかる費用を考えると、やはり月5万円にして欲しいです。また終わりの時期は、夫も私も大卒ですから、子どもの涼太にも大学卒業まで、年齢で言えば22歳までにして欲しいです。それから、高校や大学への入学の際については、入学金等の費用がかかるので、毎月の養育費とは別に負担してもらいたいです。

面会交流については、私としては、涼太と夫は積極的に交流をして欲しいと思っていますが、まずは自分と子どもの暮らしを安定させていきたいので、たとえば月1回4時間というように、ルールをきちんと決める方がいいと思います。

財産分与については、夫がどれだけの預金を持っているのかわからないので、まずは、夫名義の通帳を見せていただきたいと思います。もちろん私の方も、私名義の通帳もお見せします。その上で、基本的には折半という形にして欲しいです。

慰謝料については、夫は、まったく払いたくないと言っているのでしょうか……。私としては、100万円という金額にこだわりがあるわけではないのですが、夫の心の中で、夫が私に対してしたことに反省の気持ちがあるのであれば、いくらかは払って欲しいと思っています」

銀谷調停委員は、春美の話にうなずきながら、鉛筆を手控えのメモに走らせていた。

それは、表の形で、「中立人の主張」「相手方の主張」というように、春美の言い分と孝昭の言い分とを対照させたものであった。

なるほど、このように整理すると、お互いの言い分が食い違っているところがどの項目なのか、またどのように食い違っているのかがよくわかるな、と春美は思った。

そこで春美も、銀谷調停委員が書いている表をまねて、自分と孝昭の希望を並べて書いてみた。

	春美（申立人）の主張	孝昭（相手方）の主張	争点の有無
離婚	離婚したい	同意	○
親権	申立人	同意	○
養育費	月5万円 終期は22歳まで	月2万円 終期は20歳まで	争点 月3万円の差額 終期
面会交流	月1回4時間	随時柔軟に	争点
財産分与	預貯金の半分	各人名義の預金は各人のものに	争点
慰謝料	100万円	払いたくない	争点 100万円

海永調停委員が、春美が書き終わるのを見てから言った。

「そうしますと、春美さんと孝昭さんとで、希望が食い違っているところが、養育費、面会交流、財産分与、慰謝料となりますね。孝昭さんの希望に対する春美さんの回答について、孝昭さんにお伝えして、孝昭さんのご意見を聴こうと思います。しばらく待合室でお待ちください」

調停室から、春美が出て行った後に、二人の調停委員は、当事者双方の希望が食い違っている点と孝昭に伝えることについて確認した。その後、銀谷調停委員が、相手方待合室にいる孝昭を呼びにいった。

孝昭が、少し緊張した表情で調停室に入ってきた。孝昭が椅子に腰かけたのを見計らって、海永調停委員が、春美から聴いた回答を伝えていく。

「春美さんの希望としては、以上のとおりですが、いかがでしょうか。まず養育費についてはいかがでしょう」

孝昭は少し考えてから、淡々と答えていった。

「涼太のために、できるだけのことはしたいのですが、自分の生活のこともあるので、持ち帰って考えさせてください」

「面会交流については、ルールを決めるというのであれば、月2回で、子どもの夏休みや冬休み、春休みには宿泊付きの面会交流を認めて欲しいです」

「財産分与については、わかりました。私名義の通帳の写しを持ってきます。残高が50万円ほどで、それほど預金はありませんが……」

「慰謝料については、私名義の預金通帳を見ればわかると思いますが、預金はあまりなく、100万円も払える現金の持ち合わせがありません。この点は、やはり勘弁して欲しいです」

海永調停委員は、孝昭が話し終わって、隣の銀谷調停委員とアイコンタクトを取って、言った。

「わかりました。では、次回の調停期日を入れますので、養育費の検討をお願いします。収入について確認させていただければと思いますので、源泉徴収票、給与明細書3か月分をお持ちいただけますでしょうか。また財産分与に関して、預金通帳の履歴の写しをお持ちください。面会交流や慰謝料についての孝昭さんの希望と理由について、春美さんに伝えてみます」

「わかりました」と、孝昭は頷いた。

そして、孝昭が調停室を出ていった後、春美が再び調停室に入ってきた。

海永調停委員から、孝昭の回答が春美に伝えられた。

「養育費については、検討するとのことです。また収入関係の書類を次回持ってきてもらうように伝えました。

面会交流については、ルール化することは同意していただけそうなのですが、月1回ではなく、月2回で、またお子さんの長期休みには、宿泊付きの面会交流も認めていただきたいとのことです。

財産分与については、通帳を見せていただけることになりました。春美さんもご自身の名義の通帳を持参されるようお願いします。

慰謝料については、春美さんのお気持ちをお伝えしたのですが、手持ちの預金や現金も少ないようで、勘弁して欲しいということでした。

そこで、続行期日を入れて、それぞれ通帳や収入関係の書類を出していただくこととして、孝昭さんには主に養育費について、春美さんには主に慰謝料について検討していただこうと思っています。よろしいでしょうか」

孝昭と春美から、次回期日を入れること、検討すること、持ってくるものについて、了承を得られたので、次回期日の日程調整が行なわれ、令和6年1月17日の午前10時と指定された。

4 第3回調停期日（令和6年1月17日）

この日は寒く、昨夜からの雪が、今日もまだ降り続いていた。裁判所構内の木々も雪化粧をしていた。

「では、3回目の調停を始めたいと思います。どうぞよろしくお願いいたします」

海永調停委員が、春美を前にして笑顔で言った。

海永調停委員は、前回までの調停のやりとりを確認した。

「春美さん、通帳と収入関係の書類は持ってきていただけましたか」

「はい。持ってまいりました」と春美は言いつつ、茶色のカバンから、預金通帳のコピーと源泉徴収票、給与明細書を取り出し、海永調停委員の前に差し出した。

海永調停委員が「ありがとうございます」と、その書類を受け取った。

その後、海永調停委員は、孝昭から受け取った預金通帳や源泉徴収票、給与明細書の写しを、「こちらをどうぞ」と春美の前に差し出した。

二人の調停委員と春美は、春美と孝昭が提出した書類を確認した。

春美の収入はパートで、年間１００万円、孝昭の収入は、年間４００万円くらいであった。

春美名義の預金通帳残高は、別居した時点で30万円、現在で10万円
孝昭名義の預金通帳残高は、別居した時点で80万円、現在は50万円ほどであった。

○養育費について

海永調停委員「養育費の額については、家庭裁判所では、算定表を参考にしています。源泉徴収票によると、昨年度の収入は、孝昭さんが年４００万円、春美さんが１００万円とわかりました。お子さんは14歳未満ですから、『養育費・子1人表（子0～14歳）』に、孝昭さんと春美さんの年収をあてはめてみますと、養育費の額は4万円から6万円のゾーンの下のところになりますね。そこで、4万円という金額ではいかがでしょうか」

夫の年収について、正確なところはわからなかったが、事前に神坂弁護士に相談したときに、算定表を見せてもらって、おそらく4万円程度になることは予測がついた。4万円ということであれば、同意できると春美は思った。

「わかりました。夫がそれでよいと言うのであれば、月4万円で同意します。ただ、終わりの時期は、22歳の誕生日であることと、高校や大学入学時には別に費用負担を相談させてもらいたいです」

「では、孝昭さんにも4万円で大丈夫か確認した上で、春美さんの意向を孝昭さんにお伝えしてみましょう」と海永調停委員は言った。

○財産分与

海永調停委員「お二人から預金通帳の写しを提出していただきました。財産分与の基準時は、基本的に別居時が基準時となり、そのときにあった夫婦共有財産を2分の1に割るという考え方が一般的です。

お二人の場合、別居時に30万円と80万円の合計１１０万円の預金残高があり、それを折半すると55万円となります。55万円から別居時の春美さんの預金残高30万円を差し引くと25万円ですから、財産分与としては、孝昭さんから春美さんへ25万円を支払うということになろうかと思います」

春美「わかりました。夫にそれだけの預金しかないことがわかりましたので、25万円ということで結構です」

○面会交流

海永調停委員「次に、面会交流についての春美さんのお考えをお聴かせください」

春美「はい。月2回とすることについては同意しますが、長期休みの宿泊付き交流については、涼太の意向も踏まえて、現時点でルール化することには同意できません。涼太はまだ幼く、私と離れて泊りがけというのは、難しいと思います。涼太がもう少し大きくなって、涼太が夫と泊りがけで会いたいと言うのであれば、私から妨げることはしません」

○慰謝料

海永調停委員「慰謝料についてはいかがでしょう。やはり、孝昭さんに少しでも払っていただきたいですか」

春美「そうですね。夫の預金残高が現在50万円だから、財産分与の25万円を差し引くと25万円しか残らないようですね……。これから支払う養育費について、私の希望を受け入れてくれるならば、慰謝料についてはなくてもよいです」

海永調停委員「なるほど。孝昭さんも預金が残らないようだと生活に困るかもしれませんから、慰謝料についてはそのようにされるのもよろしいかもしれませんね。では、孝昭さんに確認しますね」

海永調停委員は、孝昭が調停室に入ってから、春美のときと同じように、二人が提出した資料を示しながら、各争点について話を進めていった。そして孝昭は、次のように答えていった。

○養育費

孝昭「月4万円というのは、正直たいへんなのですが、涼太のためにもがんばって支払いたいと思います。養育費の終わりの時期が22歳であること、高校や大学の入学時の費用については、子どもにできる限りのことはしてあげたいと思いますので、了承いたします」

○財産分与

孝昭「私の現在の預金から25万円を妻に支払うということで、了解しました」

	春美（申立人）の主張	孝昭（相手方）の主張	合意の内容
離婚	離婚したい	同意	離婚
親権	申立人	同意	申立人
養育費	月5万円 終期は22歳まで 進学時別途協議	月2万円	月4万円 終期は22歳まで 進学時別途協議
面会交流	月1回4時間	月2回 長期休みは宿泊付	月2回 宿泊はなし
財産分与	預貯金半分	同意	相手方から申立人に25万円分与
慰謝料	100万円	払わない	支払いなし

○面会交流

孝昭「月2回の面会交流を認めてくれたので、長期休みの宿泊付きのルール化については諦めます。ただ、涼太がもう少し大きくなったら、妻にも考えて欲しいです」

○慰謝料

孝昭「よかったです。慰謝料としてお金を支払うことはできませんが、妻には悪かったと思っていますので、そのように妻に伝えてください」

銀谷調停委員は、各争点について、調整した結果を表に書き込んでいった。

海永調停委員は、孝昭が、春美の提案について了承してくれたことを伝えて、各争点についての合意の内容を確認した。

「では、話し合いの結果、合意が成立しましたので、調停条項案を作成したいと思います。しばらくお待ちください」

そして、10分ほど後、次のような調停条項案が、春美と孝昭に示された。

1　申立人と相手方は、本日、調停離婚する。

2　当事者間の長男涼太（令和元年12月21日生、以下「長男」という。）の親権者を、申立人（母）と定める。

3　相手方は、申立人に対し、長男の養育費として、令和6年1月から同人らが、満22歳に達する日の属する月まで、月額4万円を毎月末日までに、○○銀行○○支店の申立人名義の普通預金口座（番号○○○○○○）に振り込む方法により支払う。振込手数料は、相手方の負担とする。

4　申立人は、相手方に対し、相手方と長男とが次のように面会交流をすることを認める。

(1)毎月2回、第一日曜日及び第三日曜日の午後1時から午後5時まで。

(2)申立人は相手方に対し、午後1時に仙台市営地下鉄泉中央駅南改札において、長男を引き渡し、相手方は申立人に対し、午後5時に上記改札において、長男を引き渡す。

(3)相手方及び長男の病気等により、前項の方法で面会交流をすることができないときは、長男の意思を尊重し、かつその福祉に配慮して、当事者双方協議の上、代替日を定める。

5　相手方は、申立人に対し、財産分与として金25万円を、第3項指定の口座に振り込む方法により支払う。振込手数料は、相手方の負担とする。

6　当事者双方は、本件離婚に関し、本調停条項に定めるもののほか、何らの債権債務が存在しないことを相互に確認する。

作成された調停条項案を確認して、春美は、「これで結構です」と言った。孝昭もまたこの調停条項案でOKということであった。

海永調停委員が、春美に向かって口を開いた。

「ご確認いただき、ありがとうございました。お二人から了承を得られましたので、この条項で調停成立となります。裁判官と確認して、大丈夫であれば、最後に裁判官と書記官が入って、調停条項を読み上げて再度確認いたしますので、それでOKであれば、調停成立となります。しばらくお待ちください。最後の調停条項の確認については、孝昭さんと一緒でもよろしいでしょうか。これで離婚は成立しますが、今後の養育費や面会交流のこともありますので、できれば一緒に裁判官が読み上げる調停条項を確認していただきたいのですが」

春美は、少し戸惑った。今、夫と会うのはやはり緊張する。しかし、夫も私に対してしたことを反省し、離婚に応じてくれたし、養育費や財産分与についてもある程度希望を聴いてくれた。これから養育費や面会交流のことで、連絡を取り合う必要があるだろう。こうして、約束の内容を一緒に聴いて確認することが、約束を守ってもらうことにもつながるかもしれない。

「わかりました。私は、夫と一緒でもかまいません」と春美は答えた。

孝昭も、春美と同席することについて了承した。

春美は、中立人待合室で、調停委員から最後に声がかかるのを待っていた。待合室の雑誌ラックには、子ども向けの絵本が置いてあった。

その絵本をぼんやりと眺めていると、孝昭と出会って、結婚をしてからのいろいろな出来事が思い出されてきた。ほとんどが辛かったことだったが、ふと涼太が3歳の頃、春の七北田公園で、涼太を真ん中にして、三人で手をつないで芝生広場の上を歌いながら歩いている光景が脳裏に浮かんできた。

「あれ、今、どうしてこんなことを思い出すのだろう。ようやく私は離婚ができたのに。自由になれたのに」

そう思いながらも、どうしても三人の幸せだったときの光景が浮かんできて、大粒の涙があふれるのをこらえきれなくなってしまった。

銀谷調停委員から呼ばれ、調停室に入った。すでに夫は調停室に入って待っていた。3か月ぶりに見る夫は、少しやつれて見えた。夫もこの3か月、辛かったのだろうか。

春美は、目を合わせるのが怖くて、うつむきながら孝昭の隣に座った。

調停室に二人の男性が入ってきた。その一人は見覚えのある裁判所職員だが、もう一人の男性は初対面だ。50代前半くらいだろうか。

その男性が口を開く。

「担当裁判官の橋村です。孝昭さん、春美さん、たいへんお疲れ様でした。調停委員から調停の経過はうかがっております。お二人の話し合いの結果、離婚についての合意が成立したということですので、これからその合意の内容を読み上げます。間違っていないか確認してください。もし違うところがあれば、遠慮なくおっしゃってください」

春美と孝昭は、同時にうなずいた。

橋村裁判官が、先ほど確認した調停条項案のとおりに、調停条項をゆっくりと読み上げた。

読み上げた後、春美と孝昭を順に見て、「春美さん、孝昭さん、この調停条項で間違いないでしょうか」とたずねた。

「はい」と、ほぼ同時に二人は答える。

「最後に少しお話しさせてください」と、橋村裁判官は、二人の顔を交互に見ながら、穏やかな口調で話し出した。

「こうしてお二人は離婚することになりましたが、お二人とも涼太くんの親であることに変わりはありません。親権者が春美さんとなっても、涼太くんと孝昭さんとの親子の関係は切れるものではありません。涼太くんにとって、孝昭さんは、これからもずっと大切なお父さんなのです。孝昭さんにお願いなのですが、養育費は、涼太くんが育っていくために大切なお金ですから、がんばって送金してください。

春美さんにもお願いがあります。孝昭さんから養育費を受け取るのですから、涼太くんを一人だけで育てているとは思わないでください。涼太くんがわかるようになってからでいいですから、お父さんが養育費をきちんと払ってくれていることを伝えてあげてください。そして、涼太くんと孝昭さんの面会がスムーズにできるよう、ご協力をお願いします」

言い終わった後、橋村裁判官は、孝昭と春美をそれぞれ見て、深く頭を下げた。

孝昭は、橋村裁判官の言葉を嚙みしめるように、「わかりました。ありがとうございます」とゆっくりとうなずいた。

春美も、「ありがとうございます」と言おうとしたが、裁判官の言葉に胸の奥が熱くなって、言葉にすることができず、黙ってうなずくことで精一杯だった。

こうして、春美と孝昭の離婚調停が成立した。

春美は、裁判所書記官から離婚届に必要な調停調書の申請の説明を受けて、申請を行なった。

家庭裁判所から外に出たとき、今朝まで地上に雪を落としていた雲の隙間から、あたたかな日差しが春美を照らした。

7章

知っておきたい争点別、離婚調停における賢い対応法

1 相手が離婚に応じてくれない場合の対処法

Q こちらが離婚したいと言っても、相手が離婚に応じてくれないとき、どうすればよいのでしょうか？

A まずは、「離婚して欲しい。もう戻らない」と、ハッキリ相手に伝えることです。その上で、相手の感情に配慮しながら、離婚したい理由について伝えるとよいでしょう。

(1) まずは、離婚したいとハッキリ伝える

離婚というものは、「離婚したい」「わかった」と合意ができるのならば、離婚届に署名をして届け出をするだけで、簡単に成立してしまいます。

ところが、自分が「離婚したい」と言っても、相手が「離婚したくない」となると、相手が「ＮＯ」と言い続ける限り、離婚調停を経て裁判を起こし、その離婚訴訟で、裁判所が離

婚を認めてくれなければ、離婚することはできません。

そこで、離婚したいならば、相手に「YES」と言ってもらうように働きかける必要があります。

その出発点は、離婚をしたいと明確に相手に伝え、自分のその意思が本気であることを伝えることです。そして離婚したい理由について、相手の感情にも配慮しつつ伝えます。決して人格攻撃はしないようにしてください。

離婚したい理由については、相手の不満をあれこれと言いたくなるところですが、相手への不満や非をあげつらうと、相手も意地になって「離婚しない」となってしまうかもしれません。まずは、淡々と「離婚したいこととその理由」を伝えることからスタートさせてみてください。実は、「離婚したい」と明確に相手に伝えることによって、相手は「仕方がないかな」と諦めて同意することが多いのです。

「離婚したい」と言われると、言われた側は、「冗談じゃないのか」、「本気じゃないのではないか」等と考えることもあります。そのような相手に対しては、「離婚したい」という気持ちが「本気」であることを示す必要があります。離婚調停を申し立てることによって、「離婚したい」という気持ちが本気であることは、相手にある程度伝わっていますが、調停期日においても、「本気」を明確に伝えることです。

(2)「裁判上の離婚原因」を意識して、理由を伝える

相手の反応を聴いても、やはり離婚の意思が固いのであれば、離婚したい理由を付して「離婚したい」と伝えます。離婚理由については、不倫があった、暴力があった、生活費を入れなかった等、具体的に伝えていきます。

調停委員としても、暴力や不倫といった「裁判上の離婚原因」があるような場合には、「あなたが離婚したくないと言っても、裁判になると離婚が認められる可能性が高いかもしれませんね」と、相手に離婚について検討するように促してくれるでしょう。

そこで、どのような場合に、裁判になったときに離婚が認められるのか、裁判上の離婚原因とは何かを知っておくとよいでしょう。

ただ、裁判上の離婚原因があるからといって、調停で離婚が認められるわけではないことに注意してください。調停の後の裁判になった段階で、裁判上の離婚原因があると、離婚が認められるということです。

裁判上の離婚原因があることの調停における使い方としては、「○○の裁判上の離婚原因があります。裁判をすれば、いずれにしても離婚が認められことになります。あなたが離婚に同意しなければ裁判になりますが、裁判をしても離婚は認められると思いますから、お互いに裁判で時間や労力や精神的ストレスをかけずに、この調停で離婚をしませんか」という

同意を得るための説得材料として使うのです。

離婚調停の場においても、調停委員の頭の中には、「裁判になったら離婚が認められるか、裁判上の離婚原因はあるのか」という意識が必ずあります。

裁判上どのような場合に離婚が認められるかについては、民法に定めがあります。

①配偶者に不貞な行為があったとき、②配偶者から悪意で遺棄されたとき、③配偶者の生死が3年以上明らかでないとき、④配偶者が強度の精神病にかかり、回復の見込みがないとき、⑤その他、婚姻を継続し難い重大な事由があるとき、とされています。

注意すべきなのは、①〜④の理由があるからといって、当然に離婚ができるわけではなく、①〜④の理由があっても、裁判所が一切の事情を考慮して、離婚を認めないとすることもあります。また、⑤の「その他婚姻を継続し難い重大な事由」には、さまざまな場合がこれにあたります。

①相手に不貞な行為があったとき

不貞行為というのは、不倫したこと、配偶者以外の異性と性的関係を結ぶことを意味します。二人だけで食事をした、キスをしただけでは、不貞行為にはあたりません。

ただ、食事やキス等も回数や期間によっては、「⑤その他、婚姻を継続し難い重大な事由があるとき」として、離婚原因になることもあります。同性との性的関係は、不貞行為にはなりませんが、やはり「その他、婚姻を継続し難い重大な事由」にあたります。

「不倫をしたら、離婚原因になる」ということは、世間一般に認知されているので、相手が不倫を認めている場合には、離婚と言われたら同意することも多いのです。

「相手が不倫をしたが、深く反省して二度としませんと謝ったので、許した」という場合に、いったん許したからといって、当然に離婚が認められないというわけでもありません。ただ、認めない方向での事情としては考慮される可能性はあるので、安易に「許す」ことを形にしない方がいいでしょう。

②配偶者から悪意で遺棄されたとき

悪意の遺棄とは、配偶者の一方が合理的な理由もなく、他の配偶者や子どもを放置して、家を出たり、収入がありながら生活費を送らない場合です。

単身赴任で別居し、生活費を送っている場合には、悪意の遺棄にあたらないし、妻が夫の暴力に耐えかねて家を出るような場合も、妻が悪意の遺棄をしていることにはなりません。

③3年以上の生死不明

配偶者が3年以上、その生死が不明であるような場合です。どこかでは生きていると思われるような単なる行方不明は、これにあたりません。行方不明となって、警察に捜索願いの届け出をしておき、それから3年以上たっても、何ら手がかりがなく生死も不明な場合です。この離婚原因がある場合には、離婚調停を先にする必要はなく、裁判所に事情を説明して、いきなり裁判で離婚を求めることになります。

④回復の見込みのない強度の精神病

夫婦の一方が回復の見込みのない強度の精神病にかかっている場合には、離婚原因となります。ただし裁判所は、離婚を認めると精神病になった配偶者にとって酷な結果にならないかを踏まえて、離婚を認めるかどうかを慎重に判断しているようです。

⑤その他、婚姻を継続し難い重大な事由

法律で個別にあげられているものを見て、「あれ？　暴力、暴言、酒乱、パチンコや競馬で家計をかえりみないなどは、離婚原因にならないの？」と思われる方もおられるかもしれません。

この⑤の「その他、婚姻を継続し難い重大な事由」というのが、①~④以外の事情でも、広く含んでいて、離婚原因になるのです。

「婚姻を継続し難い重大な事由」をおおざっぱに言えば、「その事情があれば、もう婚姻関係は破綻してしまっていて、修復は不可能だよね」という事由です。暴力もあてはまりますし、暴言や酒乱も頻度や期間によってはあてはまります。具体的に見ていきましょう。

ア 長期間の別居

ここでいう別居とは、夫婦関係の不和を原因として別居している場合を指し、単身赴任等仕事上の都合で別居している場合は含まれません。

夫婦関係の不和で別居しているか、別居しているとして別居期間がどれくらいなのかは、離婚問題を解決するにあたってとても重要な事柄です。重要な情報なので、調停の中立書の「中立ての理由」の欄にも書いてもらうように裁判所が求めているのです。

夫婦が、長期間別居していれば、婚姻関係は破綻していると見られます。法律上、どれくらい別居しているかは明記されていませんが、5年以上別居している場合には、裁判所から婚姻関係はすでに破綻していると認定されやすくなるでしょう。3年くらいでも、他の理由と合わせて、破綻認定の可能性が出てきます。

そこで、不貞や暴力といった明確な離婚原因がなく、性格の不一致といった事情で離婚を求める場合には、ある程度の別居期間があることが、重要な要素となってくるのです。

相手が頑なに離婚に同意してくれない場合には、長期戦にはなりますが、別居を先行させて、破綻の事実をつくっていくというのも考えてみてください。

イ　暴力

暴力は、典型的な「婚姻を継続し難い重大な事由」です。暴力があったことの記録を残しておきましょう。診療報酬明細書、診断書や痣の写真を撮っておきます。また、具体的にどのような暴力があったのかを記録しておきます。たとえば、「○年○月○日、夫が私の顔を平手で叩いた。そのため赤く腫れた」といった感じです。

調停では、暴力があった事実を裏付ける証拠を提出します。暴力がひどい場合には、最寄りの警察署の生活安全課に、配偶者から暴力を受けていると相談して、記録に取ってもらってください。

ウ　精神的虐待（モラルハラスメント）

言葉や態度によって、相手を精神的に虐待すること、いじめることをモラルハラスメント

（モラハラ）と言います。「お前はクズだ」「何をやってもダメだ」等と相手の人格を否定するような言葉を投げつけて精神的に支配し、隷属させようとする行為です。モラハラを受けていると、相手を怒らせないようにと、終始びくびくして生活するような状況になります。

このモラハラも程度がひどければ「婚姻を継続し難い重大な事由」にあたります。モラハラの証拠としては、日記で、具体的な相手の発言や態度を書いておく、録音をしておくとよいでしょう。精神的に不調がある場合には、精神科や心療内科にかかって診断書を取っておいてください。精神的に辛い状況であれば、自分の心が壊れてしまう前に、別居する等して、早めに相手と距離を置く方がよいでしょう。

エ　性格の不一致（性格が合わない）

性格の不一致は、離婚したい理由のトップにあげられるものですが、性格の不一致だけでは、なかなか「婚姻を継続し難い重大な事由」があるとは言えません。これに、他の離婚原因やある程度の別居期間を合わせて主張することで、破綻したと認められる可能性が出てきます。

もっとも、調停の場面では、相手の「ＹＥＳ」を引き出すことがポイントですから、裁判では離婚が認められるのが難しくても、性格の不一致に関する具体的なことを相手に伝えて、「これから一緒にいるよりも、離婚した方がお互いにとっていいのでは」と相手に感じてもらうように働きかけてみましょう。裁判上の離婚原因がなくても、相手が「ＹＥＳ」と離婚に同意してくれれば、離婚は成立するのです。

オ　その他

浪費する、性的不調和（セックスレス、嫌がる体位の強要等）、酒を飲みすぎる、家族と折り合いが悪い等、これらの理由についても、その程度にもよりますが、性格の不一致と同じように、これですぐに「婚姻を継続し難い重大な事由」があるとは言えず、具体的な事案のさまざまな事情を踏まえて、裁判所が、婚姻関係が破綻していると認定すれば、離婚理由になるものです。その多くが一定期間の別居が補完材料になります。

とはいえ、裁判では難しくても、調停の場面では、相手の「ＹＥＳ」を引き出せばいいのですから、相手が諦めて離婚に同意してくれるように、自分が離婚したい理由を、具体的に伝えていくと相手が離婚に同意してくれるかもしれません。

2 子の親権――親権が欲しいときに事前に準備しておくことは？調停の進め方のコツは？

Q 子どもの親権は、自分にしたいと思っていますが、相手も親権を欲しいと言ってきたとき、どのように対応すればよいでしょうか？

A 子どもを育てたいという気持ちや養育環境が整っていることに加えて、これまで自分が主に子どもを育ててきたこと、子どもが自分と暮らすことを望んでいることを伝えていくとよいでしょう。

(1) 親権が欲しいときに相手(調停委員)に伝えること

親権とは、親が未成年者(18歳未満)の子どもを一人前の健全な社会人に育成する職務上の役割のことを言い、子どもの利益のためのものです。「親の権利」と捉えている方が多いのですが、実際は、「子どものために、子どもに対して適切に監護教育する義務、子どもの財産上の管理を適切に行なう義務」という「親の義務」と理解すべきものです。

18歳未満の子どもがいるとき、離婚の際には、親権者が父親なのか母親なのかを決める必要があります（なお、令和6年4月現在、離婚後も共同親権とすべきかどうかという法改正の議論があります）。離婚届を出す際に、親権者を決めて出すことが要求されて、留保したままでは役所で離婚届を受け付けてもらえません。

夫婦の間で、どちらが子の親権を持つのか、子を育てていくのかの合意がある場合にはいいのですが、親権について対立した場合、ときに激しい争いとなることもあります。

親権の問題は、お金の問題と違って、心情的な問題であり、また親権があるかないかの結論となることもあって、激しい争いになりやすいのです。

親権を獲得するためには、調停ではどのようなことに気をつければよいのでしょうか。

親権問題も、相手が「YES」と言ってくれればいいのですから、まずは相手の合意を取り付けることを目指していきます。

重要な説得材料としては、自分に養育の意欲があることや養育環境が整っていることに加えて、**①これまで私が子どもを育ててきた、②子どもが私と一緒に暮らすことを望んでいる**ということがポイントになります。

①これまで私が子どもを育ててきた、と言えるのであれば、その環境を変えずに、「これ

からも私が育てていく」となりますし、②子どもが私と一緒に暮らすことを望んでいるというのは、子の意思として、重要な意味を持ちます。子どもが自分と暮らしていくことを望んでいるというのであれば、相手もその気持ちを尊重せざるを得ないからです。

この二つの要素は、裁判になったとき、裁判所が親権者を父、母のどちらかにするかを判断する際の重要な要素でもあります。

この2点を重点的に相手に伝えて、自分の方で、子どもは責任をもって育てていくことを伝えてみてください。

また、もうひとつ、相手が「YES」と言いやすくなる重要な要素があります。それは、**③面会交流について、相手の希望を入れて柔軟に対応する**ということです。

相手が第一には親権を獲得して、子どもと一緒に暮らすことを希望していたとしても、子どもに定期的に会うことができるのならば、親権については諦めるということも十分あり得ます。

副次的な要素ではありますが、裁判所も面会交流について寛容であるかを、親権者を決める際に考慮しています。面会交流に寛容な親を親権者と指定した方が、離婚後も、子は非監護親と交流することができるからです。非監護親と子どもとが良好な関係をつくることは、子どもの人格形成、心身の健全な発達を図る上でも望ましいと裁判所は考えているのです。

親権について、相手と激しく対立した場合には、調停の段階であっても、できれば弁護士をつけた方がいいでしょう。

親権争いでは、相手を説得するような事情をしっかりと伝えることが必要になってきます。また、親権についての争いが厳しく対立している場合には、ほぼ間違いなく家庭裁判所調査官の調査が行なわれることになりますが、この調査記録の結果は、後で裁判になったときにも、重要な証拠となりますから、この調査報告書に、自分が伝えたいことや事情をきちんと書いてもらうためにも、調停の段階でも弁護士をつけておいた方がいいのです。

別居をしてから調停を行なう場合には、子どもは自分と一緒に暮らしている状態であることが、親権を獲得したい場合にはベターです。

別居する際に、子どもを置いて家を出てしまった場合には、相手から「子どもを置いて家を出て行ったのだから、あなたには子どもを育てる意思がないのだ」等という主張がよく出てくるからです。

そこで、子どもを連れて家を出たいところですが、親権について争いがあって、相手が「子どもを連れて行くな」と言っていたときに、相手に無断で勝手に子どもを連れて出ていくと、相手からほぼ確実に「子の違法な連れ去りだ」ということで、「子の引き渡し」を巡った激しい争いに発展します。

裁判所は、これまでの子どもの主たる監護者が監護を継続する意思で子どもを連れて行ったのならば、違法な連れ去りとはならないとしてはいますが、相手に無断で子どもを連れて家を出れば、相手は怒って、激しい親権争いになりかねません。

相手と話し合いをして、別居が必要であれば、子どもは自分が見ていくこと、合わせて面会も柔軟に対応することを伝えて、子どもを連れて出ていくことについて相手の了解を得るように試みてください。

ただし、暴力がひどくて避難せざるを得ないような場合には、事前に相手の了解を得ることはできないでしょうから、タイミングを見計らって子どもを連れて避難してください。その場合には、相手から「無断で子どもを連れ去った」という反論がなされることを想定して、相手の暴力等の理由によって家を出ざるを得なかったことについて、記録を残しておきましょう。

逆に、もし、相手が無断で子どもを連れ去った場合には、なるべく早めに弁護士に相談して、「子の引き渡しの審判申し立て」「審判前の保全処分」等の対応をとることを検討した方がよいでしょう。相手が無断で子どもを連れ去ったということを強調し、こちらは子どもの連れ去りを決して認めていないと、明確にしておきます。

(2) 裁判所が親権者を判断するときに考慮していること

相手を説得するための3つの要素についてお話ししましたが、裁判になったときに、裁判所が親権者を決める基準についてお話ししましょう。

基本的な視点としては「子の福祉」、すなわち子どもの幸せにとって、どちらの親のもとで育てられるのがいいのかで判断されます。

①監護の実績や継続性、主たる監護者がどちらか〜「継続性の原則」

これまで継続的に子どもの監護を続けてきた親、主たる監護者の親が、親権者指定にあたって重要な基準となります。

この基準は「継続性の原則」と呼ばれ、これまで継続的に子どもの監護を続けてきたものが、今後も監護を続けることが、子どもの精神的な安定、親との愛着形成や維持、成長のために望ましいという観点での基準です。

乳幼児の場合には、多くの場合、母親が主たる監護者になるでしょう。しかし、形式的に母親だから親権者になれるというわけではなく、監護の実質を見て、「主たる監護者はどちらか」という視点から、親権者が判断されます。

これまでの監護に特段問題がないならば、そのまま監護を継続させようとなります。

そこで、現状監護している親の場合には、これまでの監護状況に問題がなく、今後も同様の良好な生活が続くことをアピールします。

なお、監護が、力づくで子どもを奪った等の違法な奪取で始まったものである場合には、その後に監護が継続したとしても、裁判所は、原則として親権獲得の事情としてプラス評価しません。

むしろ、違法に奪取した親は、親権者としてふさわしくない不適格な者として、マイナスに評価されます。

②今後の養育方針や養育環境

今後、子どもをどのように監護養育するのか、どこで養育するのかについて、自分のもとで子どもが暮らすのが望ましいことを伝えていきます。父母や兄弟姉妹等によるサポートが見込めるようであれば、そのことも伝えます。

経済的な安定も良好な養育環境の要素ではありますが、これは相手からの養育費でカヴァーできるので、収入が乏しいとしても、決定的な要因として考慮されることはありません。

③子どもの意思

裁判所が子の親権者を決める判断要素として、子どもの意思は重視されます。年齢が高いほどその傾向は強く、10歳くらいになれば、かなり重要視されます。

審判の場合ですが、子どもが15歳以上である場合には、法律上必ず子どもの意思を確認しなければならないとされています。調停の場合には、法律上必ず子どもの意見を聴かなければならないというわけではありませんが、親権争いになれば、家庭裁判所調査官を通じて、ほぼ確実に子の意思を確認されることでしょう。そして、子どもが「お母さんと一緒がいい」と言えば、親権者は母親となる可能性がかなり高くなるのです。子どもに、意思表明を強要してはいけませんが、子どもが自分と暮らすことを望んでいるようであれば、そのことをしっかりと調停委員に伝えましょう。

④面会交流の寛容性

相手と子どもの面会交流については、寛容な姿勢を示すことで、親権を獲得することに有利な事情となりますから、面会交流について柔軟に対応できるのであれば、これも伝えるといいでしょう。

逆に、相手が子どもを虐待していた等の特別な事情がない場合に、面会交流を一切認めないという硬直な姿勢をとってしまうと、裁判所から親権についてマイナスの事情として考慮される可能性があるので、注意してください。

⑤相手が親権者となるのが不適当な理由等

相手が子どもに対して虐待をしている場合には、相手は親権者としてふさわしくない事情として考慮されます。

もし、相手に親権者としてふさわしくない事情がある場合には、そのことも伝えましょう。ふさわしくない事情としては、子どもに対する暴力や放置、病気で監護できない等です。

なお、不倫をしたことは親権者の判断においてはあまり考慮されません。離婚原因について有責性があるのと、子どもの親権者としてふさわしくないかとは別問題だからです。

もっとも、不倫に夢中で、子どもの監護養育をないがしろにしてきたという事情があれば、親権者としてふさわしくない事情として考慮されるでしょう。

一方の監護中に、無断で子どもを連れ去る親や、監護している親に暴力を振るって力づくで子どもを奪う親は、親権者となるのに不適当な事情になります。

3 面会交流

Q

夫が、離婚した後も子どもと自由に会わせて欲しいと言ってきています。まったく会わせないというわけではないのですが、頻繁だと新しい生活も安定しません。どれくらいの面会を認めなければならないのでしょうか？

A

面会交流について正解はなく、夫婦間の話し合いによって自由に決めていいのですが、当事者の話し合いで決まらない場合には、最終的には裁判所の判断に委ねられることになります。その際は、「子どもにとって、どのような解決が望ましいのか」という視点で決められます。現在の裁判所の傾向としては、面会することが子どもにとって望ましくない以外は、原則として面会を認め、月に1、2回とすることが多いようです。

(1) 面会交流とは？

子どもがいるとき、離婚をすれば、父母どちらか一方のもとで子どもは育てられることになります。子どもと一緒に暮らして育てる親を「監護親」、そうでない親を「非監護親」と言います。非監護親が、子どもと会って交流することを「面会交流」と言います。

子どもの親権者となるのが、多くは母親であることから、非監護親は父親となり、父親が子どもとの面会交流を求めることが多くなります。

非監護親が子どもと会いたいと思うのは、親としては自然の感情です。子どもにとっても離婚後も、離れた親とも交流をして、愛情を受けるということは、健全な人格形成のためにも望ましいことです。

他方で、子どもと一緒に暮らしている監護親は、相手と「もう二度と関わりたくない」「今の子どもとの生活を乱されたくない」と考えて、子どもと相手との面会を拒みたい、制限したいと考えることも少なくありません。相手から暴力や暴言を受けて、家を出た後の離婚であればなおさらでしょう。

子ども自身の感情も、「お父さんに会いたい」「会いたくない」「本当はお父さんに会いたいのだけど、それを言うとお母さんが悲しむから、お母さんの気持ちを考えて会いたくないとした方がいいのかな」等さまざまです。

面会交流について、民法は「父母の協議によって決めてください。その際は、子の利益を最も優先して考えましょう」と定めてはいますが、具体的にどうするのかは、父母の話し合いに委ねられています。

夫婦間の対立が険しい場合には、相手との関係を一切断ち切りたいと思って、監護親が、子どもと非監護親との面会を認めない、消極的であるということがよくあります。「子どもが、あなたと会いたくないと言っている」「子どもがあなたを怖がっている」として、子に会いたい非監護親との間で、面会交流をめぐって激しい争いになることも少なくありません。

以前は、調停において、監護親が、子どもと非監護親との面会を拒む場合には、非監護親に「あきらめる」ことを求める傾向がありましたが、最近の裁判所は、面会が子どもの福祉にとって害がない限りは、面会交流を認める傾向にあります。

子どもの福祉を害する場合というのは、たとえば同居中に、非監護親が、子どもを虐待をしていて、面会交流を実施することによって、子どもの情緒的な不安定を引き起こす可能性が高いような場合です。

また、非監護親から監護親への暴力についても、子どもが精神的なダメージを受けている場合や、監護親が暴力によってＰＴＳＤを発症して、面会交流を行なうと病状が悪化して子どもに悪影響を及ぼすような場合には、面会交流を制限する理由となるでしょう。

暴力や暴言を受けたと主張する監護親から、子どもの受け渡しにおいて、相手と直接接触しなければならないのが怖い、嫌だという主張がよくされます。

もちろん、そのような監護親の心情には十分配慮する必要はあるのですが、面会交流をサポートする第三者機関（たとえば「公益社団法人家庭問題情報センター　通称ＦＰＩＣ」等）もあって、裁判所もその主張からすぐに面会交流を認めないとはならないようです。

(2) 面会交流が争点になったときの対応

調停での対応について、監護親（面会交流を求められている側）、非監護親（面会交流を求める側）と分けてお話ししましょう。

○監護親（面会交流を求められている側）の対応

相手と子どもとの面会交流について、自分としてどのように考えているのか、認めるのか認めないのか、認めるとしてどの程度ならＯＫなのか、認めないとして、その理由は何なのかについて、考えを事前にまとめておきます。

親の事情で、子どもは自分のもとで暮らし、相手と別れて暮らすことになりました。離婚によって夫婦の関係は切れますが、離婚しても親子の縁が切れるわけではありません。子どもにとって、離婚後も別居している親から愛情を受ける機会があるのは望ましいことです。

もちろん、子どもに暴力や虐待をしていた親であれば、面会は制限されるべきです。

ただ、そのような事情がないのであれば、相手への感情はあるとは思いますが、子どもとの面会交流については、寛容な気持ちで見ていただければと思います。子どもと相手との関係が悪くないのであれば、離婚後も二人の親から愛されるという体験は、子どもにとって幸せなことだからです。

それに、相手に養育費をきちんと払ってもらうためにも、面会交流を認めるのが有効です。養育費の支払いと面会交流は別問題ですが、非監護親が子どもと面会して心情的な交流をすることは、非監護親が養育費を払うモチベーションになります。

また、親権争いになったとき、副次的な要素ではありますが、「面会交流に寛容であること」が、親権を獲得するのに有利な事情となります。

相手と直接顔を合わせたくない場合には、面会交流をサポートする第三者機関等を利用することによって、顔を合わせなくても面会交流を実施できます。また、自治体（東京都、千葉県、埼玉県、大阪府、熊本県、尾崎市、明石市、北九州市、高松市等）によっては面会交流のサポートをしている自治体もあるので、自治体に面会交流のサポートについて問い合わせてみてください。

○非監護親側（面会交流を求める側）の対応

「原則、面会交流は認められる」という方向に裁判所の判断は傾いてきていますが、監護親が面会交流を拒否する場合には、まだまだ非監護親にとっては、なかなか子どもと会うことができないという厳しい現実に直面することも少なくありません。

そのような対応を相手からされた場合には、相手が面会交流を認めない具体的理由について確認の上、子どもの福祉の観点から、面会交流を制限する理由にはならないことを伝えていきます。

別居前は、子どもと良好な関係にあったことを伝えて、「子どもが会うことを嫌がっているとは考えられない」と反論します。良好な関係を裏付ける資料（写真や手紙等）があれば、それも見てもらいます。そして、子どもの真意について、家庭裁判所調査官を通じて確認するように依頼をしてみます。

子どもに会いたいという心情を示すことは大切ですが、「面会交流は権利だ、相手は会わせるべきだ」と強く言ってしまうと、相手を硬直化させてしまいます。

また、すぐに面会のルールを決めるのが難しいようであれば、とりあえず1回試しに会わせて欲しい、と申し入れてみます。それでも、相手が「NO」という場合には、授業参観や運動会といった学校の行事に参加する形で、会うことができないかを申し入れてみます。このレベルになれば、調停委員も会わせたくないという相手に対して、「単発的なものであれば会わせてあげてもいいのでは」と働きかけをしてくれる可能性が高くなります。

それでも、相手が「NO」という場合には、裁判所で、家庭裁判所調査官立ち会いのもと、少しだけでもいいから試験的に会わせて欲しいと、「試行的面会交流」の実施を頼んでみます。

「試行的面会交流」の実施にあたっては、家庭裁判所調査官が、事前に子どもと面会をして、子どもの意向や状況を確認します。そして、家庭裁判所の一室（小さな子どもの場合、おもちゃやぬいぐるみがあるプレイルームという場所）で、調査官立ち会いのもとで、30分程度の面会交流が行なわれます。調査官は、その交流の様子を見て、調査報告書にまとめます。この交流状況に問題がなければ、面会交流の実施に向けて、調停委員会からの調整が行なわれます。

(3) 面会交流の決め方

面会交流について調停で取り決めをする際には、さまざまな決め方があります。

「面会交流の具体的日時、場所、方法等については、当事者間の協議によって決める」といった抽象的なものもあれば、「毎月1回、第1日曜日の午後1時から午後5時まで、受け渡し場所は、○○」と具体的に決める場合もあります。

面会交流実施に、相手のことが信頼できずに不安な場合には、具体的に決めた方がよいでしょう。また、間接強制（面会交流の約束を破った場合には、1回につき○○円を支払え）が認められるためには、面会交流の取り決めを具体的に調停条項に記載する必要があります。

- 面会の頻度はどれくらいか
- 面会交流の時間はどれくらいか。宿泊付きか
- 子の長期休暇中、長期の面会交流を行なうか
- 子の受け渡しについて、ルールを決めておくか
  できれば、相手の自宅玄関や駅の改札口等と、具体的に決めておいた方がよいでしょう。
- 連絡方法について、どのようにするか
  電話、メール、LINE等について指定します。子どもの病気等で、面会交流を延期することもあるので、事前に通信手段を決めておきます。
- 直接のやりとりができない場合、第三者機関のサポートを受けるか

第三者機関のサポートを受ける場合には、調停を締結する以前に、第三者機関から内諾を得ておいてください。

● 代替日を設けるか

面会交流について、細かく具体的に決める調停条項例をあげておきます。

「申立人は、相手方に対し、相手方と長男A男とを次のように面会交流させる。

⑴毎月1回、第2日曜日の午前10時から午後4時まで

⑵申立人は相手方に対し、午前10時に、○○駅西改札口において長男A男を引き渡し、相手方は申立人に対し、午後4時に、上記場所において長男A男を引き渡す

⑶8月の夏期休暇中は、1週間程度、宿泊を伴う面会交流とする

⑷申立人や長男A男の病気、学校行事等により、面会交流ができないときは、申立人は、相手方に面会が困難な事情を事前に連絡し、A男の意思を尊重し、かつその福祉に配慮して、当事者双方の協議の上、代替日を設定する」

⑷ 間接的な面会交流

非監護親が、子どもや監護親に対して暴力を振るっていた場合、非監護親が子どもと直接会って交流する面会交流は、監護親が強く拒否し、裁判所もその意向を尊重することが多い

ようです。

そこで、直接会うのではなく、非監護親が子どもに手紙を送ることや監護親が子の写真を送るといった形での交流、間接的交流をすることを取り決めておいて、直接交流の実施については様子を見たらとすすめられることもあります。

監護親として、相手と子どもとの面会交流に抵抗がある場合、そのような間接交流を提案してみるのもひとつの手ではあります。非監護親としては、間接的交流の提案がなされたとき、それでＯＫであれば合意をすればよいのですが、なかなか納得ができないこともあるでしょう。その場合には、単発での面会や裁判所での試行的面会交流を申し入れてみてください。

4 養育費

Q 養育費は、どれくらい支払ってもらえるものなのでしょうか？

A お互いの収入を踏まえて、養育費算定表に沿って、おおよその養育費額は推測できます。このように、養育費額の相場はありますが、当事者が合意すれば、それに縛られるものではありません。たとえば、私立大学の学費等も相手がＯＫなら、約束として調停でまとめることができます。

(1) 養育費とは

親は、自立していない子どもに対して扶養義務を負っています。離婚をして親権者ではなくなったとしても、親としての義務を引き続き負担しなければなりません。そこで、非監護親となった場合には、監護親に対して、養育費を支払うという形で、子どもへの扶養義務をはたす必要があるのです。

(2) 養育費について、調停で話し合うメリット

① 揉めていないけれど、養育費をきちんと払ってもらうために調停を活用する

養育費については、調停調書の中で、取り決めたことを記載してもらうと、強制執行ができるという強い効力を持つので、揉めていないケースであっても、「養育費をきちんと払ってもらうため」に調停を活用することも検討してみてください。

相手が、離婚の際は「きちんと払うから」と言っておきながら、支払いが滞るケースも少

なくありません。調停調書の中で約束しておけば、約束を守ってもらえる可能性は格段に高くなります。

②相手が、算定表より低い額しか払えないと言っているときに、調停を活用すれば、調停委員は算定表の額に沿うように説得してくれる

また調停では、養育費が問題となったときに、調停委員は、ほぼ必ず養育費算定表をもとに調整を進めていくので、相手が、算定表の相場より低い金額を提示してきたときには、算定表に沿うような金額になるように相手を説得してくれると思います。

(3) 養育費の金額は、どのように決められるのか?

当事者の合意があれば、それでいいのですが、当事者の希望に食い違いがある場合には、算定表を参照して調整が図られます（巻末資料「養育費算定表」参照）。

婚姻費用と同様に、裁判所の調停では、義務者（養育費を支払う側の収入）と権利者（養育費を支払ってもらう側）の収入を照らし合わせて、算定表にあてはめて、一般的な養育費の金額の枠を確認した上で、個別具体的な事情も踏まえて養育費の額を調整していくことになります。

給与所得者の場合、「源泉徴収票」の「支払金額」を確認します。

自営業者の場合、確定申告書の「課税される所得金額」に、税法上控除された費用のうち、実際に支出されていない控除、たとえば、青色申告特別控除、雑損控除、配偶者控除、扶養控除、基礎控除等を加算した金額が、算定表の収入額とされます。

このように、養育費の金額については、お互いの収入を基礎として算定されますから、その「収入」がいくらになるのかを確認してみてください。

逆に、養育費を請求される側としては、前年度の源泉徴収票記載の収入額が、現在の収入に比べて高い場合には、直近3か月の給与明細書を示して、収入額が減少したので、こちらを基準にして欲しいと伝えます。

具体例で、算定表の見方を説明しましょう。

子ども一人　5歳　妻の収入（パート）70万円　夫の収入（会社員）４００万円

この例で、妻が夫に養育費を求める場合

1）14歳以下の子ども一人ですので、「表1　養育費・子1人表（子0～14歳）」の算定表を使います。

2）養育費を求める妻の年収が70万円ですから、それに近い算定表下の権利者の年収給与「75」を基準にして、上に線を伸ばします。

3）会社員である夫の年収は４００万円ですから、義務者・給与所得者の年収「４００」

養育費・子1人表（子0～14歳）

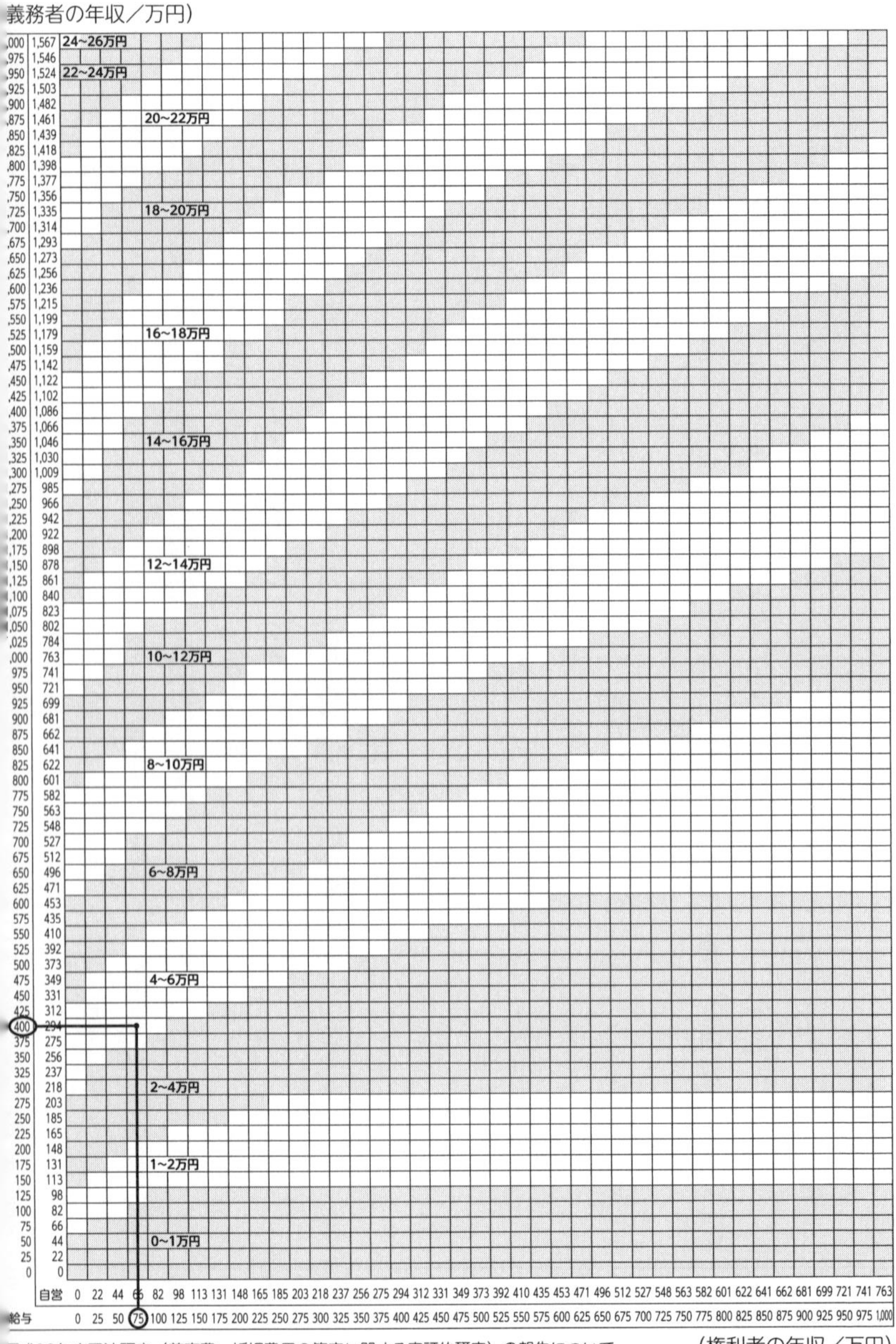

平成30年度司法研究（養育費、婚姻費用の算定に関する実証的研究）の報告について
（裁判所ウェブサイトより）

を基準にして、横に線を伸ばします。

4）両者の線が交差したところのゾーンを確認します。「4〜6万円」の下の方で交差しました。

5）そこで、算定表から導かれた養育費の想定額は、月4万5000円弱ということになります。

(4) 養育費を請求する側の調停活用のコツ

①まず、自分の希望を確認する

まずは、子どもの養育に必要な金額を確認します。

相手に養育費の希望額を伝える前に、離婚後の家計を想定した「想定家計収支表」を作成して、離婚後の家計（収入と支出）がどうなるかをシミュレーションをして、子どもの養育に必要な金額を割り出すのです。シミュレーションをしておくと、「子どもを育てていくには、これだけの養育費が必要です」と、説得的に相手に伝えることができます。

子どもの将来の希望も踏まえて、特別な費用がかかる見込みであれば、それも伝えます。たとえば、子どもが「将来、医者になりたい」と希望しているのであれば、それに応じた学習塾等の費用も伝えておくのです。

もちろん、算定表とはかけ離れた金額を要求するのは、相手を硬直化させてしまうので、おすすめしませんが、「やや多めかな」と思うくらいの希望を相手に伝えてもかまいません。相手がそれで合意してくれたなら、ありがたいことですし、相手が了解しなくても、その後下方修正していけばいいのですから、ダメもとでも言ってみましょう。

②相手から出された収入資料を見て、算定表にあてはめる収入額を確認する

養育費を決めるにあたっては、「算定表」が参照され、その算定表は、お互いの収入額をあてはめていきますから、その収入額がいくらなのかが重要です。相手の収入額が高ければ高いほど、養育費の額は高くなります。

そこで、養育費を請求する側としては、収入について先方が出してきた金額が相当かをよく確認します。毎月一定の給料をもらっている給与所得者であれば、前年度の源泉徴収票でほぼ確定されるのですが、今年度の収入が高いような場合には、直近3か月の給与明細書や賞与明細書を確認して、そちらを前提にした収入額を主張します。副業等の別の収入があれば、それも指摘します。算定表の金額をもとにする場合には、「2万～4万円」等と幅がありますが、作成した家計収支表を参照しつつ、子どもの養育のために必要だと、上限で交渉してみます。

③算定表を参照しつつも、希望を多めに出してもかまわない

算定表の金額と違う養育費を、調停で決めてもかまいません。調停は、話し合いで、当事者間の合意によって成立するものですから、当事者がその養育費額でＯＫなら、それが尊重されます。

つまり、当事者の間で合意ができるなら、その「相場」に縛られる必要はありません。たとえば、算定表から見た養育費が２万円から４万円とされても、当事者が合意すれば５万円とすることもできますし、支払終期も子どもの大学卒業まで、また私立学校の授業料も踏まえた内容で調停を成立させることも可能です。

そこで、請求側としては、算定表で養育費の標準額を確認しつつも、自分としての希望を確認し、相手が「ＹＥＳ」と言いやすいように理由を伝えていきましょう。

④面会交流に寛容であることを活用する

養育費をきちんと支払ってもらうために、面会交流について寛容であることが、相手を納得させるために有効であることをお話ししましたが、養育費の金額を取り決める際にも、説得材料として活用できます。

裁判所は、養育費と面会交流とは別個のもので、「養育費を払うから面会交流を認めて欲

しい」「面会交流を認めないなら、養育費を払わない」ということにはならないとしていますし、理屈としてはそのとおりなのですが、面会交流を認めてもらえず、養育費を要求される側の気持ちとしては、「面会交流を認めてくれないのに、お金だけ要求して」と不満に思うのも自然なことです。逆に言えば、面会交流について寛容な姿勢を示せば、「相手は面会交流について認めてくれたので、自分も養育費の支払いをがんばらないと」という気持ちになりやすいのです。

また、子どもと面会交流があることによって、養育費の支払いについての動機付けにもなります。

そこで、面会交流に寛容な態度を示しつつ、養育費はこちらの希望額で同意してもらうように相手に求めてみるのです。

また、相手が養育費を出し渋る場合に、その理由が、養育費が子どものためではなく、監護している親のために使われるのでは、という不安があることがあります。相手がそのような不安を持っているような場合には、送金先を子ども名義の口座にして、子どものために使うからと伝えると、相手も同意しやすくなるでしょう。

(5) 養育費についてよくある質問

養育費について、よく質問されることについて説明しましょう。

①いつまでもらえる？　養育費の終期は？　成年年齢の引き下げで18歳までになるの？

成年年齢は、令和4年4月より18歳に引き下げられましたが、家庭裁判所の養育費の終期についての運用は、これまでどおり20歳になる月までを基準としています。もっとも、当事者間で合意をすれば、大学卒業時まで、あるいは22歳までとすることも可能です。とくに、両親とも大学を出ている場合には、大学卒業までと求めてみてください。子どもに障害があって、成人しても自立の時期の見通しを立てるのが困難な場合には、その状況に応じて協議して終期を求めるとよいでしょう。

調停条項で「成年に達する月まで」と定めると、現在では「18歳」という意味になりますから、もし養育費の終期を20歳としたいならば、「20歳に達する月まで」としましょう。

②私立学校の授業料や、学習塾の費用を相手に負担してもらえる？

原則として、負担してもらうことは難しいのですが、相手が私立学校への進学を了解している場合や、その収入や資産状況から見て、相手に負担してもらってもよい場合には可能となります。

現時点で、私立か公立か進学先がわからない場合には、「別途協議する」旨の調停条項を入れておくとよいでしょう。

③子どもに障害があって、これからも医療費がかかる場合には、相手に負担してもらえる？

一般的な医療費は、算定表に考慮ずみで、算定表以上の負担を相手に求めることは難しいのですが、子どもに重度の障害があるなど、高額な医療費がかかる場合には、相手に負担を求めることができます。現在はわからないが、将来、高額な医療費がかかるおそれがある場合には、調停条項に、たとえば、「長男が、怪我や病気によって、治療費等、高額な費用を要するに至った場合には、その費用の負担について、当事者双方で協議することとする」といった条項を入れておくと安心です。

④自分が再婚したらもらえなくなる？

新しい夫と子どもが養子縁組をした場合には、原則としてもらえなくなります。新しい夫が、子どもの第一義的な扶養義務者となるからです。ただし、新しい夫に収入がない場合には、元夫の扶養義務がなくなったわけではありませんから、養育費支払いを継続してもらうことは可能です。

⑤元夫の収入が上がった後に、養育費の増額はできない？

養育費は、一度決められたからといって、変えられないものではありません。事情の変更によって、増額や減額することは可能です。

支払う側の収入が増加したり、もらう側の収入が減った場合、養育費は増加できますし、逆に支払う側の収入が減ったり、もらう側の収入が増えた場合には、養育費は減少します。

しかし、当然に養育費が増減するわけではなく、額の変更について相手と話し合いをして、相手の同意を得た上で変更をします。相手の同意を得ることが難しい場合には、「養育費増額（減額）の調停」を申し立てて、調停を通じて養育費の額を決めていくことになります。

⑥養育費を支払う側が無職の場合、養育費は請求できない？

いいえ、そうとは言えません。無職で収入がなくても、働くことができる場合には、働いた場合の収入を想定して考えることになります。

相手が無職の場合にも、健康状態に問題がなければ、働くことはできるはずと言って、働いていた時期の源泉徴収票をもとに計算を求めてみます。ただ、実際のところ、相手が無職無収入の状況であれば、相手もいくらなら養育費を払うとは約束しづらいところでしょうし、約束をしても払えない可能性も高いので、できれば相手が就職をした後に、養育費について話し合って決めるのがよいかと思います。

また、相手に収入がなくても資産がある場合、財産分与の対象となる財産がある場合には、養育費を一括払いでもらうというやり方もあります。

⑦養育費の一括払いはしてもらえるのか？

養育費は、日々の子どもの養育のために使われる費用ですから、毎月一定の金額を定期的に支払われるのが原則ですが、当事者間で養育費の一括払いについて合意するなら、調停条項で一括払いの取り決めをすることは可能です。

一括払いは、将来の未払いリスクを回避できる点ではいいのですが、後で事情変更が生じても支払いを求めることは難しくなりますから、注意が必要です。

5 財産分与

Q 財産分与は、どのように決められるのですか？

A まず、財産分与の対象となる財産を確定し、その財産の評価をした上で、原則2分の1で分けるように協議して決められます。

財産分与は、夫婦で築き上げた財産の清算です。婚姻期間が短い場合には、財産分与対象となる財産はないかもしれませんが、それでも念のため確認をしておきましょう。

確認するのは、①不動産、②預貯金、③保険、④有価証券（株式や投資信託等）、⑤退職金、社内積立金、⑥自動車、⑦高価な動産類（宝石や高級時計等）です。その上で、次のような流れで、財産分与が決められていきます。

1）夫婦の財産を洗い出す

2）財産分与対象財産と特有財産を分ける
3）財産分与対象財産につき評価をする
4）自分として何を、いくら分与して欲しいのかを確認し、相手に伝える

財産分与については、離婚した後でも求めることができますが、法律上、**離婚の翌日から2年まで**と期限があるので、離婚調停の際に決めておくのがよいでしょう。

1）夫婦の財産を洗い出す

2章3項でお話ししたとおり、離婚調停を申し立てる前に、自分や相手の財産を調査しておきます。その際は、財産目録をつくると便利です。離婚を意識したら、相手にどのような財産があるのかに、アンテナを立てておいてください。

調停では、作成した財産目録を提示しつつ、相手が管理している財産のすべてを開示するように求めます。財産の詳細はわからないが、たとえば「○○銀行の口座があるはずだ」と項目としてはありそうだというのであれば、それを指摘して相手に開示を求めましょう。

2）財産分与の対象となる財産とは？

名義如何を問わず、夫婦が結婚生活で協力して築いた財産であれば、財産分与の対象財産

となります。

次に、その中で、特有財産がないかを確認して、特有財産を除きます。結婚前に貯金していたもの、結婚後に相続や贈与で得たお金が混じっている場合、その財産は「特有財産」といって、夫婦で協力して築き上げた財産ではありませんから、財産分与対象財産とはならず、分与対象から取り除くことになります。

つまり、夫婦が持っている財産について、財産分与の対象となる財産（財産分与対象財産）と対象にならない財産（特有財産）を分ける作業を行ないます。

Q 将来給付される退職金は財産分与の対象になる？

実務では、数年後に退職し、その時点での退職金の額がわかっている場合には、財産分与の対象財産となりますが、10年より後の退職金については、財産分与の対象とはしないことが多いようです。ただ調停では、当事者の合意さえあれば、退職金の支給時期が10年より後であっても、現在、仮に退職したら給付される金額を財産分与の対象財産とすることもできますから、財産分与を求める側としては、将来の退職金についても、主張してみましょう。

退職金が給付された場合や、もうすぐ退職となって、退職金の額もわかっているような場合には、財産分与対象財産となります。

3）財産分与対象財産につき評価をする

財産分与の対象となる財産がわかったら、その財産について評価が必要なもの、たとえば不動産や自動車については、査定をして評価をします。

- **不動産の査定**　不動産業者に査定をしてもらいます。業者によって査定額が違う場合があるので、複数の業者から査定をしてもらいます。
- **自動車の査定**　ディーラーや自動車買取専門店で査定してもらいます。
- **保険の解約返戻金**　解約返戻金見込額を確認します。保険会社に解約返戻金証明書を出してもらいます。また保険証券には、契約して何年たったら解約返戻金はいくらと記載してあることもあるので、記載があれば、それでおおよその金額はわかります。
- **株式**　上場株式であれば、株価が公示されているので、財産価値の把握は簡単ですが、非上場株式の場合には、価値の評価は難しいので、税理士に相談してください。

4）自分として何を、いくら分与して欲しいのかを確認し、相手に伝える

財産分与の割合は、実務では**原則2分の1**で、「2分の1ルール」と言われています。特段の事情がない限り、「2分の1ルール」が修正されることはありません。

夫婦が婚姻期間中に形成した財産については、夫婦が協力して築き上げた財産として、半分ずつ分けるのが公平だとされているのです。特段の事情とは、たとえば、医師や芸術家等で、一方に特別な才能や努力があって、莫大な財産を形成したような場合です。

妻が専業主婦の場合、ときどき夫側から、「自分が稼いだお金なのだから」と半分以上の寄与を主張されることがありますが、その主張が認められることは、ほぼありません。

そこで、財産分与対象財産の評価額の2分の1を基準として、自分として何を分与して欲しいのかを相手に伝えていくことになります。

たとえば、夫名義の預貯金1000万円、夫名義の自動車（査定額200万円）の財産分与対象財産があって、妻が自動車を欲しい場合には、1200万円の2分の1である600万円を基準としつつ、自動車と預貯金400万円の分与を求めていきます。

もっとも、2分の1ルールは、当事者間で話し合いがつかずに、裁判官が判断するときの基準ですから、当事者間で合意が成立するのであれば、変えることは自由です。そこで、多めに財産分与をしてもらえそうならば、そのことを言ってみてもよいでしょう。

○住宅ローン付の自宅不動産が残っている場合

夫婦が結婚してから購入した自宅不動産は、その名義が夫または妻のどちらかにかかわらず、夫婦共有の財産で、財産分与の対象財産となります。住宅ローンがない場合は、売却して折半するか、売却しない場合には、査定額の2分の1を、その不動産取得する側が、取得しない側に対して、支払うというように簡単な処理ですみます。ところが、住宅ローンが残っている場合には、ややこしくなってきます。

たとえば、**夫名義の住宅ローンで、夫名義の自宅マンション査定額1000万円の場合**で考えてみましょう。

①マンションの査定額より住宅ローンの残額が上回っている場合

- 住宅ローン残高1500万円　売却費用100万円　売却すると600万円マイナス

マンションに居住しないで売却する場合、500万円の残ローンと売却費用100万円の合計600万円の債務を半分ずつ負担するのが原則となります。

マンションにどちらかが住み続ける場合には、マンションの名義を住み続ける側にし、そして住み続ける側が、残りのローンを払い続けるのが落ち着きがよいところです。たとえば、妻が子どもと住み続けるのであれば、マンションの名義を妻にし、妻がローンの支払いを負担します。しかし、夫婦の合意によって、マンションの名義を妻にしつつも、夫が引き続きローンの支払いを負担することも可能です。養育費の支払いの代わりに、夫が引き続きローンの支払いを行なうという取り決めもよくあります。

②不動産の査定額より住宅ローンの残額が下回っている場合

・住宅ローン残高200万円　売却費用100万円　売却すれば700万円のお金が手元に残る予定

マンションに居住しないで売却する場合、700万円を二人で350万円ずつに分けるのが原則となります。マンションに妻が住み続ける場合には、マンションの名義を夫から妻に変更し、住み続ける妻側が、残りのローンを払い続けるのが落ち着きがよいところです。

ただしこの場合、住み続ける妻の側は、上記の例だと700万円の半分の350万円分の財産分与対象財産を取得しているので、この部分を調整する必要があります。養育費の支払や他の財産分与対象財産等で調整することが考えられます。

○財産分与には、夫婦が婚姻中に築き上げた財産を清算するという「清算的財産分与」の他に、「扶養的財産分与」、「慰謝料的財産分与」というものもある

①扶養的財産分与

たとえば、夫が会社勤めで、妻が専業主婦の離婚の場合に、夫には財産があるが、それは相続した不動産や預金といった特有財産で、夫婦で形成した財産がない場合、清算的な財産分与を求めることはできません。また、妻から夫に慰謝料も請求することができない場合、妻に収入源がなければ、離婚後の生活が困窮してしまう可能性もあります。

その一方で夫は、離婚後も引き続き収入があるならば、以前と同じような生活を送ることができます。このような場合に、公平性の観点から、収入がある夫は離婚後、妻が経済的に自立できるまでの一定期間（3年程度）の生活費を、財産分与として負担させようというのが「扶養的財産分与」の考え方です。

もし、相手に特有財産しかないというような場合で、「清算的財産分与」としては財産分与を求めるのは難しそうであれば、諦めないでこの「扶養的財産分与」をして欲しいと調停委員と相手に伝えるといいでしょう。

② 慰謝料的財産分与

財産分与に慰謝料的な意味合いを込める場合です。相手に離婚の原因がある場合、別途慰謝料を請求してもいいのですが、財産分与という名目で、相手から金員を受領してもかまわないのです。

6 慰謝料

Q 慰謝料はどのようなときに、どれくらい支払ってもらえるものなのでしょうか？

A 相手に不倫や暴力といった婚姻関係を破綻に至らせた責任があるときに、慰謝料は認められます。金額については、裁判の例だと、300万円以下のことがほとんどで、100万円以下のことも少なくありません。

ただし調停の場合には、合意によって決められますから、裁判で慰謝料が認められない場合でも、慰謝料を支払うとする合意が成立することがありますし、逆に裁判で慰謝料が認められそうな場合でも、慰謝料の支払いをなしにすることもあります。

(1) 慰謝料とは？

慰謝料とは、相手の行為によって精神的苦痛を被った場合に、その苦痛を慰謝するために相手に支払ってもらうお金です。離婚の場合、多かれ少なかれ、精神的に辛い思いをされていることでしょうから、相手に慰謝料を請求したいところかもしれません。

しかし、裁判所で離婚慰謝料が認められるハードルは高く、よくある「性格の不一致」では、慰謝料請求をしても認められません。慰謝料が認められるのは、不倫、暴力等、相手の責任が明確な場合に限られています。

裁判で、慰謝料が認められる場合の金額についても、不倫のケースでさえ、２００万円以内でおさまることが多く、１００万円以下になることも少なくありません。慰謝料は思ったほどは認められないというのが現実です。

(2) 調停では、慰謝料についてどのように対応するか

もっとも、調停では、相手の同意があれば、相場よりも高い慰謝料を払ってもらうことも可能になります。

また、慰謝料は、離婚や他の離婚条件について話し合いを有利に進める上での交渉材料として、その有無や金額を調整することもあります。

そこで、相手から精神的苦痛を受けたと感じるならば、調停の場面では、とりあえず「相当額」として慰謝料を支払ってもらいたいと調停委員に伝えるといいでしょう。

以下の4つの場合に分けて、慰謝料についての調停でのコツをお話しします。

①慰謝料を請求する側で、離婚したい場合

たとえば、相手が不倫をしたので離婚したいと思い、離婚調停を申し立てた場合です。

この場合には、離婚を優先するのであれば、慰謝料についてはあまりこだわらない方が得策です。とりあえず慰謝料を請求しつつも、相手が合意しない場合には、慰謝料については請求しない、請求しても低額でいいと譲歩することで、相手が離婚に応じやすくなります。

ただし、とりあえず請求するとしても、あまりに高額に請求してしまうと、相手を意地にさせるおそれもあるので、注意が必要です。

不倫の場合、慰謝料を配偶者から取らずに、不倫の相手方から取ることができる可能性もあります。ただし、その場合には、配偶者から取れる慰謝料よりは低額になることが多いようです。

②慰謝料を請求する側で、離婚したくない場合

たとえば、相手が不倫をして、相手から離婚調停を申し立てられたが、自分としては離婚したくない場合です。

この場合には、離婚について同意できないということを前提に、相手が慰謝料を支払うとの提案をしてきたときに検討すればよい、というある意味「強い立場」にあります。金額次第では、離婚に応じてもよいということであれば、ある程度高額な慰謝料を求めても、離婚したいと思う相手は、その金額で同意をするかもしれません。

ただし、条件次第で離婚に応じるとした場合には、離婚に向けた流れができてしまいますので、関係の修復を考えているならば、慎重に対応した方がよいでしょう。

③慰謝料を請求される側で、離婚したい場合

たとえば、自分が不倫をして、配偶者と別れたいと思い、離婚調停を申し立てた場合です。この場合は、いわゆる「有責配偶者」として、厳しい立場に置かれます。

裁判をしても、相当長期間の別居がなければ、離婚は認められません。3年程度の別居では難しいところです。つまり、相手に、離婚について同意してもらわなければ、なかなか離婚ができない立場に置かれます。

そこで、相手に「ＹＥＳ」と言ってもらうように、慰謝料をある程度高く提示する必要があります。また、相手に対して、不倫をしたことの謝罪等、誠実な対応をした方がよいでしょう。

④慰謝料を請求される側で、離婚したくない場合

たとえば、自分が不倫をして、相手から離婚を突きつけられ、離婚調停を申し立てられたが、自分としてはやり直したいと考えている場合です。

この場合には、調停が不成立となり、裁判となれば、自分が離婚したくなくても、離婚の判決が出てしまう可能性が高い状況になります。関係を修復したいと考えているならば、平身低頭に謝罪し、修復を求めることしかありません。もっとも、実際のところ、修復は難しいのが現実です。「条件次第で離婚はやむなし」と考えているならば、「慰謝料を免除あるいは減額してもらうならば離婚に応じる」という姿勢で、慰謝料の免除・減額の交渉をすることができます。相手がとにかく早く離婚をしたいと思っている場合には、特に効果的でしょう。

ただ、不倫等の責任を感じているのであれば、相当額の慰謝料については、けじめとして支払った方が、すっきりすると思います。

⑶ 慰謝料の金額を決める際に考慮される事情

慰謝料の金額を、裁判所が決める際に考慮する事情についてお話しします。調停でも、この事情を意識して、調停委員に伝えるとよいでしょう。この事実を裏付ける証拠があれば、それも調停委員に見てもらいましょう。

①離婚の原因となった有責行為の態様、程度がどれくらいか

たとえば、破綻の原因が不倫ならば、その不倫の期間や頻度が問題になってきます。不倫期間が長く、不倫によって、子どもまでできているような場合には、金額は高くなる傾向にあります。暴力であれば、暴行の態様、怪我の有無、程度・部位、暴行の回数、期間等を考慮されます。

②結婚期間、結婚生活の状況、子どもの有無や数

たとえば、平穏な結婚生活が続いていて、子どもが幼く、夫が不倫をしたために婚姻関係が破綻した場合には、妻の精神的苦痛も大きくなりますので、慰謝料の金額も高くなるでしょう。

③精神的苦痛の程度

相手の不倫行為等によって精神的苦痛を受け、そのためにうつ病等の病気になった場合には、その苦痛が大きいものであったことが推測され、慰謝料額も高くなるでしょう。

そこで、病気になった場合には、診断書や病院にかかったときの領収書を証拠として提出するとよいでしょう。

④離婚後の生活状況

離婚によって経済的に困窮するような場合には、精神的苦痛は大きいと評価される傾向にあります。

(4) 不倫や暴力について、相手が認めない場合にどうするか

相手が、不倫や暴力の事実を認めない場合には、調停ではどのように対応すればよいか、お話ししましょう。

①不倫や暴力の事実を具体的に話すこと

まずは、不倫や暴力行為があったことについて、いつ、どこで、どのような不倫や暴力行

為があったのかを具体的に伝えてください。その下準備として、紙に時系列で整理して事実を書き出すとよいでしょう。

②その事実を裏付ける証拠を提示すること

そして、その事実を裏付ける証拠があれば、それを調停委員に示します。たとえば不倫の例で、ＬＩＮＥの画面を写真に撮っていたならば、それを示します。

⑸ 不倫の相手方に対する慰謝料請求

不倫の相手方が、既婚者であることを知りながら不倫行為に及んだ場合には、不倫の相手方にも慰謝料請求をすることもできます。

ただし、注意しなければならないのは、不倫の相手方から相当程度の慰謝料を支払ってもらった場合、配偶者への慰謝料請求ができなくなる可能性があるということです。

不倫をした配偶者と不倫の相手方とは、二人が共同してあなたに精神的苦痛を与え、精神的損害を発生させた「共同《きょうどう》不《ふ》法行《ほうこう》為者《いしゃ》」とされます。共同不法行為者は、発生した損害について連帯して責任を負います。仮に損害額が２００万円だとして、請求する側は、配偶者にも不倫の相手方にも２００万円を請求してもいいのですが、一方から２００万円をもらってしまうと、他方からはもらうことができなくなります。そこで、不倫の相手方から200万円をもらうと配偶者に対しては、もはや慰謝料を請求できなくなります。

不倫をした側の立場からすると、不倫の相手方に慰謝料を請求されることは避けたい場合も多く、請求する側とすれば、このことを配偶者に慰謝料を支払ってもらうための交渉材料として使うことができます。

たとえば、「不倫の相手方には慰謝料を請求しないから、あなたが200万円慰謝料を支払ってください」と言ってみるのです。相手に、支払能力があれば、意外とあっさり支払ってくれるかもしれません。

7 年金分割

Q 年金分割とは何ですか？ 相手が受け取る年金額の半分をもらえるのですか？

A 年金分割とは、簡単に言えば、夫婦が婚姻期間中に払った厚生年金の保険料を多く払っている側が、少なく払っている側に保険料支払いの実績を分ける制度です。

納付実績の分割で、将来受け取る年金額が増えることにはなりますが、相手が受け取る年金額の半分をもらえるわけではありません。

(1) 年金分割とは？

夫が厚生年金に加入している会社員や公務員で、妻が専業主婦の場合、そのままだと夫が多くの厚生年金保険料等を支払っている一方で、妻は国民年金部分の保険料しか支払っていないことから、夫の方が将来、多くの年金を受け取ることになります。

しかし、婚姻期間中に夫が外で働き、会社員や公務員として多くの保険料を支払うことができたのは、妻の家事や育児のサポートがあったからです。これを考慮しないのは不公平だとして、婚姻期間中の保険料の納付実績については、妻に分割しようというのが年金分割制度の趣旨です。相手が会社員や公務員の場合で、自分より収入が多い場合には、年金分割の請求を検討してみてください。

もっとも、厚生年金や旧共済年金納付実績を分割する制度ですので、相手が自営業で国民年金の場合には、年金分割はできませんし、企業年金といった私的年金も分割対象外となります。また自分も会社に勤めていて、自分の方が相手より収入が多い場合には、年金分割を求めるメリットはありません。年金分割した年金でも、もらえるのは、自分自身が年金受給年齢に達したときからです。

(2) 年金分割を調停で求めるには

年金分割を検討する際に、まずは年金事務所等から「**年金分割のための情報通知書**」を入手します。

情報通知書には、自分の保険料納付実績と相手の実績が記載されています。自分より相手の実績額が多い場合には、年金分割を請求しましょう。

按分割合については、当事者間の合意で「0から0・5」の間で決めることができますが、裁判所が決める場合には、「0・5」とされます。そこで、相手が「0・3」にして欲しいと言ってきた場合には、「0・5」が原則であることを伝えて、やはり「0・5」を求めるとよいでしょう。

その後、調停が成立すれば、その調停調書を年金事務所に持参して手続きをとれば、年金分割の手続きが完了します。

この手続きは、**離婚成立後2年以内**にやらないとできなくなってしまうため、離婚調停が成立し、調停調書を入手したら、すぐに手続きをしてしまいましょう。年金事務所に連絡して、必要な書類を確認の上、所定の手続きを取ってください。年金分割用の調停調書がありますので、調停が成立したら、それを裁判所に申請しておくとよいでしょう。

(3) 3号分割について

年金分割制度には、調停等で合意によって分割する合意分割の制度の他に、平成20年4月から始まった「3号分割」の制度があります。こちらは、第3号被保険者であるサラリーマンの専業主婦等から年金分割の請求手続のみによって、平成20年4月1日以降の保険料納付記録が自動的に2分の1の割合で分割されるものです。

分割の対象は、平成20年4月1日以降に相手が支払った厚生年金保険料の納付記録で、分割割合は当然に2分の1（0・5）とされます。

平成20年4月1日以降に結婚をして、離婚した場合には、この「3号分割」ができますので、調停で合意分割をする必要はありません（ただし、この場合も年金事務所での手続きは必要です）。

他方で、**平成20年3月31日以前に結婚をした場合**には、「3号分割」では平成20年3月31日以前の納付記録は対象となりませんから、合意分割も必要です。調停の際には、年金分割についても申立書の趣旨にチェックを入れておきましょう。

8 章

調停成立後の手続き

1 離婚届——離婚調停成立後も必要

Q 離婚調停がまとまった後、何か手続きをする必要がありますか？

A 協議離婚と同じように、調停離婚の場合にも、役所に離婚届を提出する必要があります。本籍地以外の役所にも提出することができますが、その場合は、戸籍謄本が必要となります。

提出期間は、調停成立の日から10日以内と法律で定められているので、調停調書を受け取ったら、調停調書を持って、早めに役所に行って離婚届を提出しましょう。

協議離婚の際には、相手の署名押印や証人2名の署名押印が必要ですが、調停調書謄本（または省略謄本）があれば、それらは必要ありません。

調停離婚の場合は、調停が成立して調書に記載されたときに離婚が成立しますが、戸籍を変更するために離婚届が必要となります。

離婚届には、通常は、調停条項に「申立人と相手方は、本日、調停離婚する」と記載され、離婚調停を申し立てた側（申立人）が提出しますが、調停条項に「申立人と相手方は、**相手方の申出により**、本日、調停離婚する」とされていれば、相手方が提出します。

調停調書は、離婚届用の省略謄本の発行申請をして受け取ります。年金分割がある場合には、それとは別の年金分割用の調停調書謄本も申請しておきます。調停が成立したら、裁判所書記官にたずねれば、申請のやり方について教えてもらえます。申請の手数料は、数百円ほどかかります。印紙を購入して申請書に貼付する形で、手数料は納入します。印紙を販売しているところは、裁判所職員におたずねください。

調停調書謄本は、後日裁判所に取りに行くか、郵送してもらいます。**調停成立の日から10日以内**という期限があるので、裁判所から調書を受け取ったら、すぐに役所に離婚届を出してください。離婚届を役所に提出することで、戸籍の変更が行なわれます。

婚姻時、同じ戸籍であった夫婦は、離婚によって別々の戸籍になります。戸籍の筆頭者ではない方が、新しい戸籍をつくるか婚姻前の戸籍に戻ります。

2 姓（氏）について

結婚する際に、姓を変更した側（多くは妻）は、離婚する際に旧姓に戻るか、結婚していたときの姓をそのまま名乗るのかを選択することができます。

旧姓に戻るのが原則ですが、結婚していたときの姓のままにするのも、離婚から3か月以内であれば、簡単な手続きで可能です。

旧姓「鈴木花子」さんが、「佐藤一郎」さんと結婚して「佐藤花子」さんとなり、「佐藤一郎」さん筆頭の戸籍がつくられ、その後離婚したケースで説明しましょう。

佐藤（旧姓　鈴木）花子――――佐藤一郎

（離婚によって）

旧姓「鈴木」に戻る場合

「鈴木花子」　婚姻前の戸籍に戻るか、自分筆頭の新戸籍をつくる

婚姻時の「佐藤」姓のままにする場合

「佐藤花子」　自分筆頭の新戸籍をつくる

●花子さんが、結婚前の姓である「鈴木」に戻りたい場合には、離婚届用紙の「婚姻前の氏にもどる者の本籍」の欄に記入するだけでＯＫです。

旧姓に戻る場合には、結婚前の戸籍に戻る場合と花子さん筆頭の新しい戸籍をつくる場合とがあり、どちらかを選択することができます。

離婚届用紙に「□もとの戸籍にもどる」「□新しい戸籍をつくる」のチェック欄がありますので、いずれかにチェックを入れます。

ただし、子どもがいて、離婚後に子どもを自分の戸籍に入れたい場合には、三代戸籍（親、子、孫と三世代が同じ戸籍になること）が禁止されている関係で、自分の新しい戸籍をつくる必要があります。

●花子さんが、結婚の際に称していた「佐藤」姓を続けたい場合には、離婚届とは別用紙の「離婚の際に称していた氏を称する届」を提出する必要があります。

離婚届と同時に提出することもできますし、離婚成立の日から**3か月以内**であれば、届け出を出すだけで、簡単に結婚時の姓を続けることができます。

離婚から**3か月後**になって、やはり「佐藤」姓にしたい場合には、家庭裁判所に「**氏の変更許可審判の申し立て**」をして許可を得ることが必要です。その場合には、変更しなければならない事情を書類で説明する必要があり、変更が認められない可能性もあるので、できれば3か月以内に、姓をどうするかは判断して届け出を出すようにしましょう。

なお、いったん「離婚の際に称していた氏を称する届」をすると、旧姓に戻ることは原則としてできなくなるので、慎重に検討した上で届け出をしてください。

花子さんが、結婚後に称していた「佐藤」姓を続けたい場合には、必ず新戸籍となります。結婚前の戸籍に戻ることはできません。

これは、戸籍には、同じ戸籍には同じ姓であるというルールがあるからです。鈴木さんの戸籍に、佐藤姓で戻るわけにはいかないのです。

3 子どもの戸籍と姓について

佐藤（旧姓　鈴木）花子 ―― 佐藤一郎

佐藤太郎

先の例で、二人の間に長男の「佐藤太郎」くんがいた場合、離婚によって親権者が母親の花子さんになったとしても、太郎くんは、そのまま父親の佐藤一郎さんの戸籍にとどまり、姓も「佐藤」のままです。

離婚による効果は、花子さんだけが、夫の戸籍から抜けることになります。

では、花子さんが、太郎くんを自分の戸籍に入れて、同じ姓にしたい場合には、どうすればいいのでしょうか？

子どもを自分の戸籍に移したいときには、家庭裁判所に「**子の氏の変更許可審判**」の申し立てを行ないます。必要な書類は、離婚によって変更になった新しい自分の戸籍謄本と子どもの戸籍謄本（すなわち元配偶者の戸籍謄本）です。

離婚と同時に、子どもも自分の戸籍に移してしまいたいところですが、順番があって、次の手順を踏む必要があります。

1）離婚届で、夫の戸籍から抜けて、新しい戸籍をつくる
2）その新しい戸籍謄本を手に入れる
3）その新しい戸籍と元夫の戸籍を添付して、「子の氏の変更許可審判」申し立てをする
4）子の氏の変更許可審判がおりて調書を入手し、役所に届け出る
5）子どもが自分の戸籍に入る。自分と同じ姓になる

離婚調停が成立したら、その際に家庭裁判所職員から、「子の氏の変更許可審判の申立書」の用紙をもらって、手続きの説明を受けておくとよいでしょう。

家庭裁判所から変更許可を受けたら、変更許可の審判書謄本を家庭裁判所から交付を受け、その書類を持って役所に自分の戸籍に子どもを入籍させる届け出をします。

「子の氏の変更許可審判」の申し立ては、親権者が自分の姓（氏）を変更しないで、結婚時の姓のままにしている場合も必要です。

先の例で言えば、花子さんが離婚によって旧姓の「鈴木」に戻らず、「佐藤」という結婚時の姓を続ける場合にも、自分の戸籍に太郎くんを入れたいときには、「子の氏の変更許可審判」の申し立てが必要なのです。

形式的には、太郎くんの姓は「佐藤」→「佐藤」で変わらないのですが、戸籍上は、父親の「佐藤」から母親の「佐藤」と、戸籍と姓が変更することになるのです。

4 その他の手続き

(1) 年金分割

離婚調停において、年金分割の取り決めをした場合、年金分割用の調停調書謄本を入手して、すぐに年金事務所で年金分割の手続きをしてください。

(2) 健康保険の変更

自分が会社員で、会社の健康保険に加入していた場合には、健康保険に変更はありませんが、自分がこれまで専業主婦やパートで、元配偶者の扶養家族となっている場合には、変更が必要です。

すなわち、離婚が成立したときに扶養家族の資格を失うことになりますから、自分自身で、国民健康保険・国民年金に加入する必要があります。

もっとも、就職先を見つけて、自分が健康保険や厚生年金等に入る場合には、その必要はありません。

国民健康保険・国民年金に加入する際には、元配偶者の勤務先から「**資格喪失証明書**」を発行してもらい、その書類を申請の際に提出します。調停成立の際に、相手にこの「資格喪失証明書」を入手して送付するように頼んでおくとよいでしょう。

(3) 各種届出

住民票の世帯主変更届ないし異動届（転居した場合）、銀行預金・郵便局・クレジットカードの氏名及び住所変更届、運転免許証・パスポートの氏名及び住所変更届、保険の氏名及び住所・受取人等の変更届、携帯電話の氏名及び住所変更届、印鑑登録の変更届

(4) 財産分与にともなう名義変更

不動産：法務局で移転登記手続きを行なう

自動車：陸運局で登録名義の変更を行なう

生命保険：保険会社に連絡して変更手続きを行なう

(5) 公的支援の活用

母子家庭や父子家庭には、児童手当や児童扶養手当等の公的支援もあるので、役所の窓口で相談して、利用できる制度は積極的に利用しましょう。

9 章

離婚後のこと
――相手に約束を守らせるために

1 養育費が支払われないときはどうする？

まずは、①相手に、養育費をきちんと支払うように、文書で求めてみます。普通の手紙でいいと思いますが、内容証明郵便であらたまった形で出すやり方もあります。次に、②履行勧告といって、家庭裁判所から相手に支払うように言ってもらうこともできます。それでも支払わないような場合には、③強制執行をして、強制的に払ってもらいましょう。

(1) まずは相手に請求をしてみる

調停での約束は、強制執行ができるという強い効力を持つものではありますが、相手が約束を守らず、養育費の支払いをしないときには、すぐに強制的に取り立てるのではなく、まずは相手に支払うように求めてみましょう。

最初は、メールや電話でもいいですが、それでも支払わない場合には、文書というあらたまった形で、相手に支払いを促します。「内容証明郵便」で請求すると、相手にさらに心理的なプレッシャーをかけることができます。

この内容証明郵便は、自分で作成し、相手に出すこともできますが、弁護士に依頼して、弁護士の名前入りで出すと、相手にかかるプレッシャーは相当大きくなります。それほど費用もかかりませんので、検討してみてください。

請求してみて、相手が「経済的に苦しいので、少し待って欲しい」と対応した場合には、柔軟に対応してあげた方が、結果的には、支払ってくれる可能性は高くなります。

相手が理由なく支払わないと開き直ってくる場合には、強制執行を検討しましょう。

(2) 履行勧告

調停で、養育費支払いの約束を定めた場合には、相手が支払いを怠ったとき、家庭裁判所に「履行勧告」をしてもらうこともできます。調停をした家庭裁判所に申出をして、家庭裁判所から、相手に履行を促してもらえるのです。履行勧告の申出に費用はかかりませんし、文書によらずに口頭でも、電話でも可能なので便利です。申出の電話をする際には、調停調書を手元において、事情を裁判所職員に話すとよいでしょう。

申出があれば、家庭裁判所が、不履行の有無や理由等を調査して、履行勧告をしてくれます。裁判所から連絡が来たということで、相手には大きな心理的プレッシャーがかかることでしょう。もっとも、履行勧告に強制力はありません。

(3) 強制執行

相手に養育費を支払わせるための最終的な手段として強制執行があります。調停調書の中で、養育費についての約束を記載しておけば、相手が養育費の支払いを怠った場合、この調書をもとに、相手の財産に強制執行をすることができるのです。相手が勤めている場合には、給料を差し押さえるのが効果的です。

ただし、強制執行という強力な手段についても、相手が無職の場合や財産がない場合、そして所在がわからない場合には使えないので、万能というわけではありません。別れた相手とはいえ、連絡先、勤務先は把握しておいた方がよいでしょう。

もし、相手の勤務先や預金口座がわからない場合にはどうすればいいでしょうか。

ひとつは、弁護士に依頼して、「弁護士法23条照会」という手段で、調査できる場合があります。

また、「財産開示手続」というものがあります。調停調書があれば、裁判所の力を借りて、相手にどのような財産があるのかを自己申告させることができます。その財産開示手続で、相手が来なかった場合には、「第三者からの情報取得手続」を利用して、勤務先を調査することも可能です。詳しくは最寄りの地方裁判所に問い合わせてみてください。

ます。

(4) 面会交流が養育費支払いの約束を守らせる有効な手段となる

養育費支払いの約束を守ってもらうためには、実は面会交流の実施が、有効な手段となります。

面会交流をして、子どもと触れ合っていると、親の心情として子どもに対して何かをしてあげたいと思うものです。自分が送っている養育費が、子どもにとって役に立っているという実感も得ることができるでしょう。

非監護親は、監護している親に対しても、約束を守って面会交流を認めてくれているのだから、自分もがんばって養育費を支払わなければならないなという気持ちにもなることでしょう。その結果、養育費の支払いの約束が守られやすくなるのです。

それに、面会交流を継続していれば、非監護親の勤務先や連絡先等の情報も自然と把握できるので、もし相手の支払いが滞ったときも、相手に手紙を送ったり、履行勧告や給料差し押さえの手続きもとりやすくなります。ですから、面会交流を行なうことが、養育費の支払いの約束を守ってもらうためにも有効なのです。

2 面会交流の約束が守られないときはどうする？

まずは、面会交流を行なうように相手に文書で申し入れをして、それでダメなら履行勧告を、それでもダメなら面会交流の調停申立か強制執行を検討するという流れになります。

(1) まずは相手に求めてみる

調停で定められた面会交流の約束が守られないときは、まずは相手に連絡して、約束した内容の面会が実現できるように求めてみます。

このときに、相手を強く責めるのではなく、どのような事情で約束した面会交流が実現できないのか、その理由についても確認しましょう。体調不良等であれば、配慮が必要です。

合理的な理由もなく、面会交流を拒否する場合には、内容証明郵便等の文書で面会交流を実施するように申し入れをしてみましょう。

(2) 履行勧告

面会交流を求めても拒否される場合には、家庭裁判所に履行勧告をしてもらいます。調停をした家庭裁判所に申出をすることによって、調停で定めた約束を履行するように、裁判所が相手に勧告をしてくれます。ただし、相手に対して強制力はなく、相手が履行勧告に従わなかった場合にも相手にペナルティはありません。

(3) 面会交流調停の申し立てをする

養育費未払いの場合には、履行勧告でダメなら、次は強制執行というところですが、面会交流の場合には、強制執行の前に面会交流調停の申し立てを検討してみてください。

というのも、面会交流については、どこかで相手の協力が必要になるからです。強制執行についても、強制的に子どもを連れてきて面会交流をさせるということはできず、履行しない場合には、「1回につき○○円を支払え」といったことしかできません。相手が、任意に面会交流を履行してくれるというのが、やはりよいのです。そこで、調停申立をして、相手を呼び出し、調停の話し合いで、相手に面会交流を実施するように促すのです。

(4) 強制執行

相手が、調停で決めた面会交流の約束を守ってくれない場合の最後の手段が強制執行です。ですが、強制的に子どもを連れてきて面会交流をさせるということはできません。「履行しないことの1回につき○○円を支払え」といった間接強制で、相手に心理的なプレッシャーをかけて、履行を実現しようとするものです。

この金額は、一般的には数万円から10万円程度とされていますが、１００万円とされたケースもあります。注意しなければならないのは、調停で、面会交流の条項を定めた場合であっても、**その条項が抽象的な場合には、間接強制ができないことです。**

間接強制ができるためには、調停条項に、面会交流義務者が、具体的にどのようなことをしなければならないのかを定めている必要があるのです（7章4の条項例参照）。

おわりに

本書を最後まで読んでいただき、ありがとうございました。

本書を読まれたことで、離婚問題を乗り越えるために必要な「ちょっとした知識やコツ」が身についたことと思います。

あとは実践ですが、悩んだときには、また本書を開いてみてください。それでもわからないところがあれば、弁護士に相談してみてください。

弁護士というと、どうにも敷居が高くて、相談するのに抵抗があるという方も多いのですが、案外普通の人ですし、離婚で悩んでいる方の役に立ちたいと思っている弁護士はたくさんいます。

最近は、ホームページを開設している事務所も多く、事前にどのような弁護士かわかりますし、無料相談をしているところもあります。依頼はせずに相談だけでもかまわないのです。一人で悩みを抱え込まないで、勇気を出して相談してくださいね。

本書のテーマのひとつは、離婚調停を活用して「相手に約束を守ってもらう」ことですが、「約束を守ってもらう」のに有効なことは、相手が約束を守らないときに強制執行ができる約束にしておくということだけではありません。

実は、それよりも「自らが納得して約束をする。その約束を守ることに意義を感じる」ということの方が、はるかに効果的なのです。

養育費の例で言えば、「相手とは別れても、自分はこの子の親なのだ。この子のために、生活は苦しくても養育費だけはがんばって払っていきたい」、そう思って養育費支払いの約束をしてもらうことが、約束を守ってもらうための最強かつ最良の方法なのです。

その意味で、面会交流が重要な意味を持ちます。子どもと交流し、子の成長を日々感じることができるのであれば、自分の生活を切り詰めても、「この子のためにがんばろう」と思う親もいることでしょう。

面会交流については、交流実施には難しい事案もありますが、自治体や第三者機関の活用等も通じて、実施が広がっていけばと思います。それが、約束を守らせること、養育費未払いの解消につながります。


離婚は、「失敗」だと言われることがあります。

しかし、そうではありません。離婚は辛いことですが、決して失敗ではありません。弁護士の仕事をしていて、離婚をきっかけに自由を手に入れ、離婚の経験をバネにして、自分らしく生きていく方を何人も見てきました。

昨年の正月に、15年ほど前、私が離婚事件の依頼を受けた男性から年賀状が届きました。誠実で優しい男性でしたが、離婚当時はたいへん辛い思いをされました。でも、その年賀状には、再婚した奥様とお子さんとの幸せそうな写真が載っていました。

この男性のように、今はとても辛くても、その先には幸せが待っているかもしれません。

離婚は失敗ではなく、人生の再出発です。新たな船出です。

本書が、離婚問題で悩んでいる方の新たな船出に少しでもお役に立つことを願っています。


最後になりましたが、本書を出すにあたって、同文舘出版の古市達彦元編集長、津川雅代さん、株式会社シュカベリーの長谷部あゆさん他、多くの方々のご協力をいただきました。この場を借りて御礼申し上げます。ありがとうございました。

令和6年4月

弁護士　神坪浩喜

巻末資料——養育費算定表

平成30年度司法研究（養育費、婚姻費用の算定に関する実証的研究）の報告について（裁判所ウェブサイトより）

https://www.courts.go.jp/toukei_siryou/siryo/H30shihou_houkoku/index.html

表1　養育費・子1人表（子０～14歳）

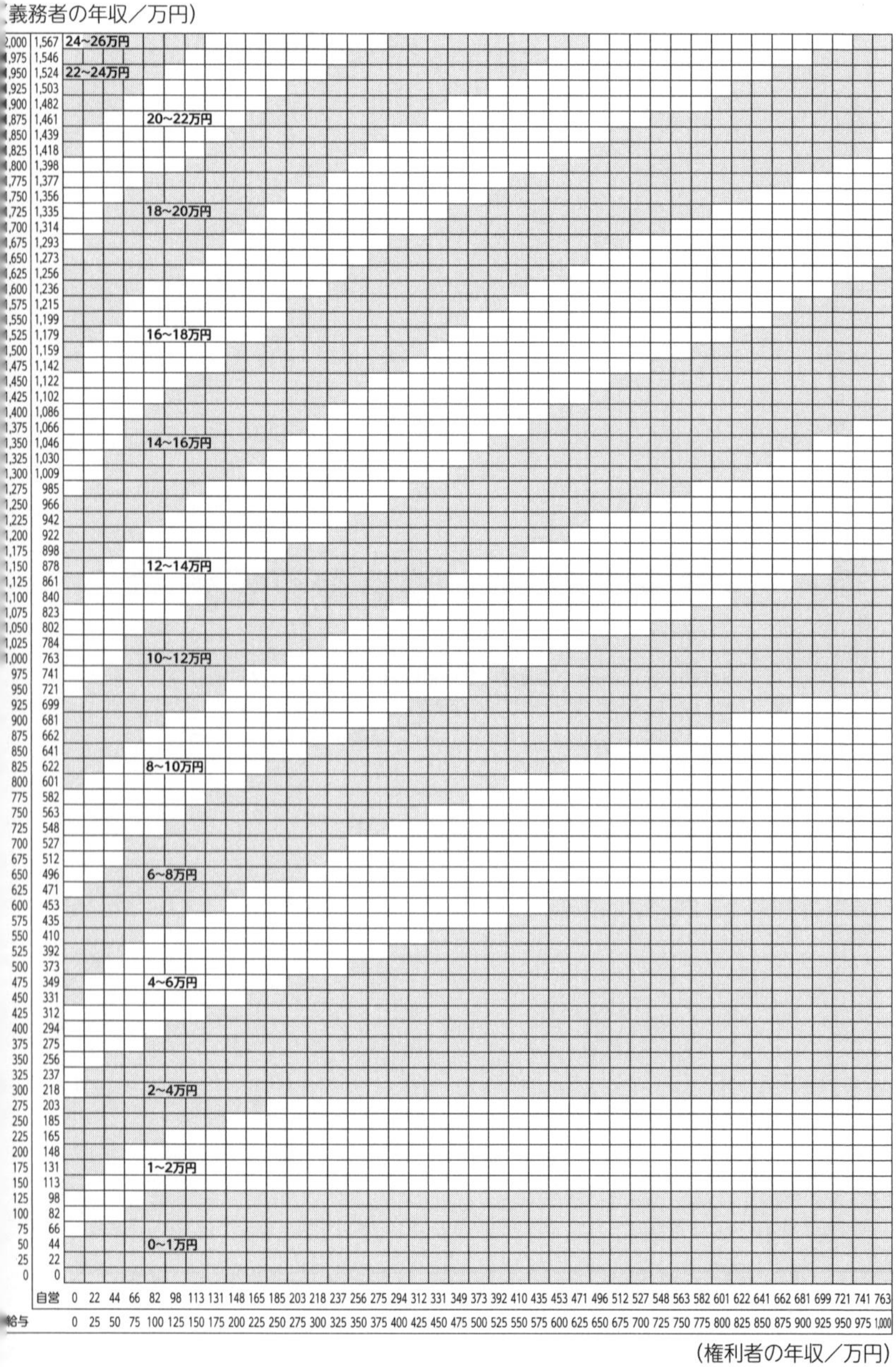

表2　養育費・子1人表（子15歳以上）

（義務者の年収／万円）

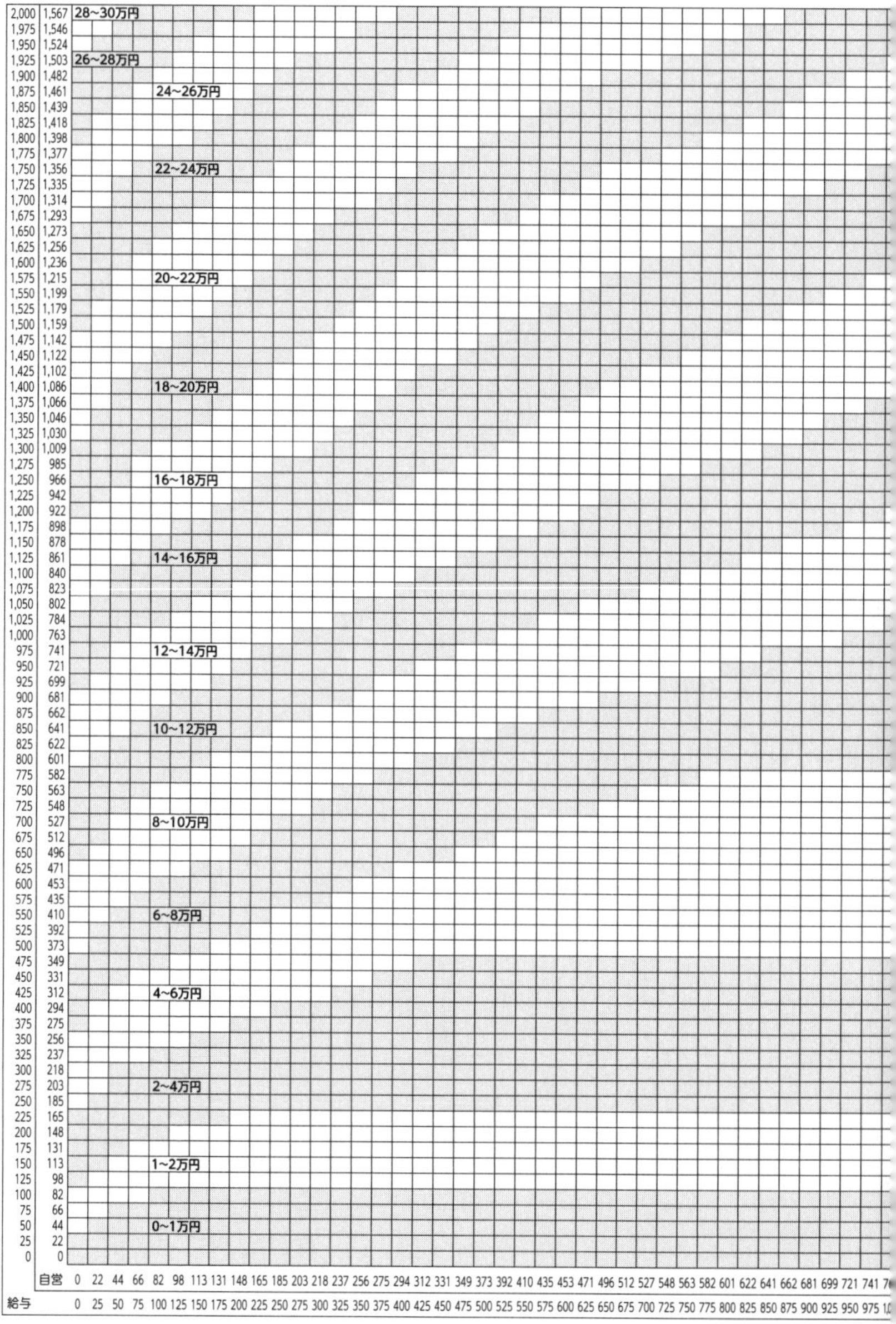
28~30万円
26~28万円
24~26万円
22~24万円
20~22万円
18~20万円
16~18万円
14~16万円
12~14万円
10~12万円
8~10万円
6~8万円
4~6万円
2~4万円
1~2万円
0~1万円
2,000 1,567
1,975 1,546
1,950 1,524
1,925 1,503
1,900 1,482
1,875 1,461
1,850 1,439
1,825 1,418
1,800 1,398
1,775 1,377
1,750 1,356
1,725 1,335
1,700 1,314
1,675 1,293
1,650 1,273
1,625 1,256
1,600 1,236
1,575 1,215
1,550 1,199
1,525 1,179
1,500 1,159
1,475 1,142
1,450 1,122
1,425 1,102
1,400 1,086
1,375 1,066
1,350 1,046
1,325 1,030
1,300 1,009
1,275 985
1,250 966
1,225 942
1,200 922
1,175 898
1,150 878
1,125 861
1,100 840
1,075 823
1,050 802
1,025 784
1,000 763
975 741
950 721
925 699
900 681
875 662
850 641
825 622
800 601
775 582
750 563
725 548
700 527
675 512
650 496
625 471
600 453
575 435
550 410
525 392
500 373
475 349
450 331
425 312
400 294
375 275
350 256
325 237
300 218
275 203
250 185
225 165
200 148
175 131
150 113
125 98
100 82
75 66
50 44
25 22
0 0
自営 0 22 44 66 82 98 113 131 148 165 185 203 218 237 256 275 294 312 331 349 373 392 410 435 453 471 496 512 527 548 563 582 601 622 641 662 681 699 721 741
給与 0 25 50 75 100 125 150 175 200 225 250 275 300 325 350 375 400 425 450 475 500 525 550 575 600 625 650 675 700 725 750 775 800 825 850 875 900 925 950 975

（権利者の年収／万円

表3　養育費・子2人表（第1子及び第2子0～14歳）

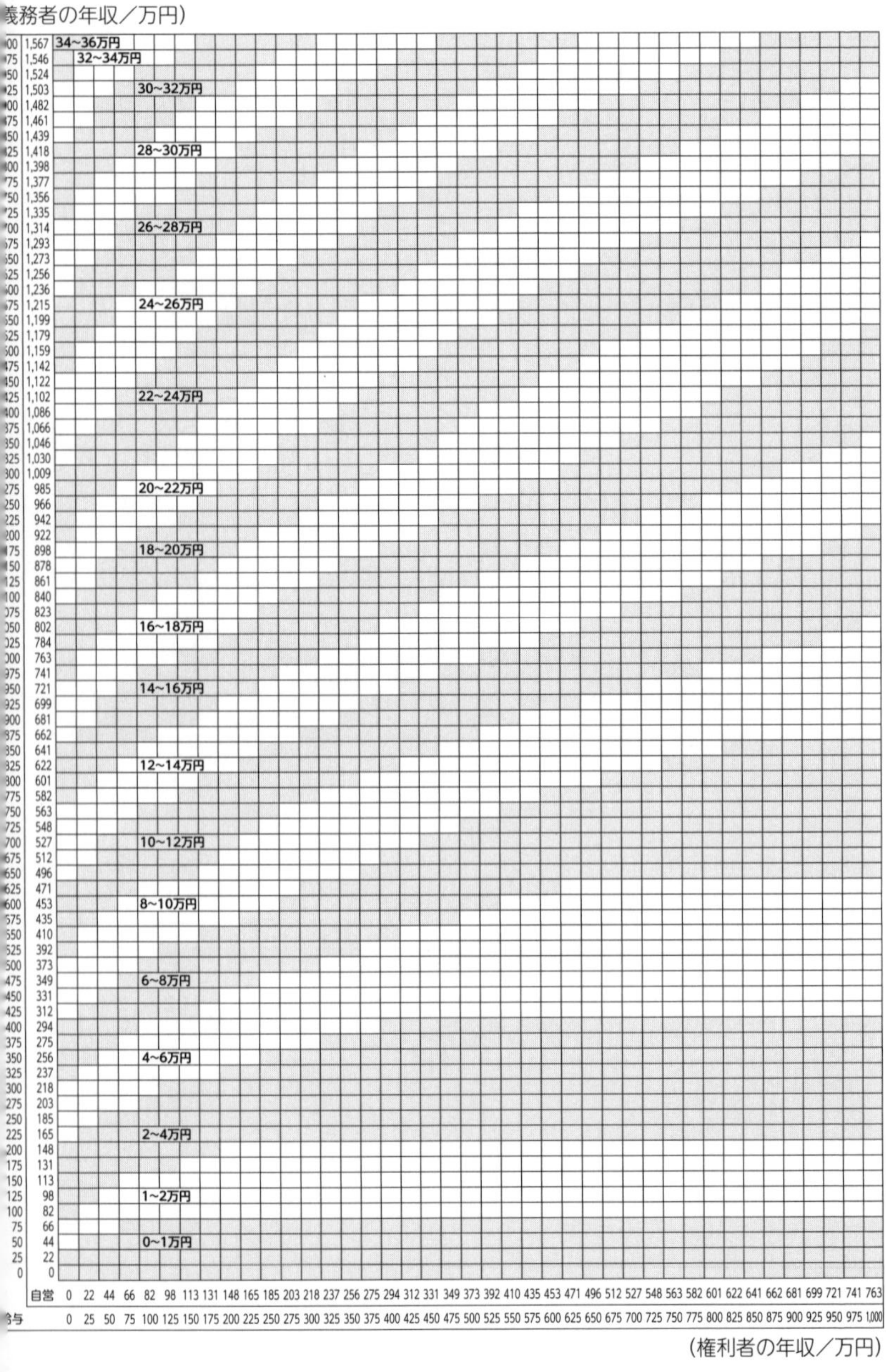

表4　養育費・子2人表（第1子15歳以上，第2子0～14歳）

（義務者の年収／万円）

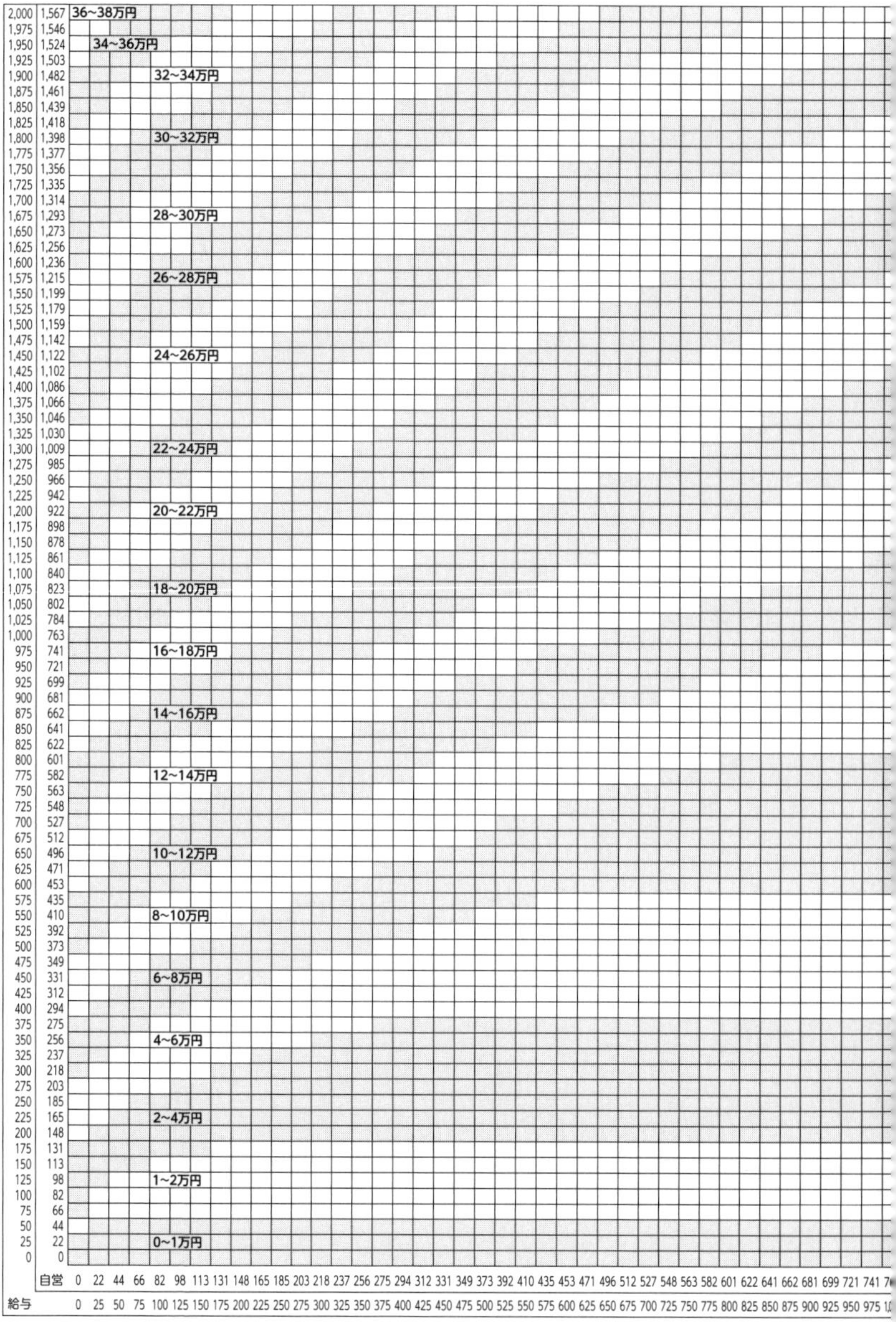

2,000 1,567 36~38万円
1,975 1,546
1,950 1,524 34~36万円
1,925 1,503
1,900 1,482 32~34万円
1,875 1,461
1,850 1,439
1,825 1,418
1,800 1,398 30~32万円
1,775 1,377
1,750 1,356
1,725 1,335
1,700 1,314
1,675 1,293 28~30万円
1,650 1,273
1,625 1,256
1,600 1,236
1,575 1,215 26~28万円
1,550 1,199
1,525 1,179
1,500 1,159
1,475 1,142
1,450 1,122 24~26万円
1,425 1,102
1,400 1,086
1,375 1,066
1,350 1,046
1,325 1,030
1,300 1,009 22~24万円
1,275 985
1,250 966
1,225 942
1,200 922 20~22万円
1,175 898
1,150 878
1,125 861
1,100 840
1,075 823 18~20万円
1,050 802
1,025 784
1,000 763
975 741 16~18万円
950 721
925 699
900 681
875 662 14~16万円
850 641
825 622
800 601
775 582 12~14万円
750 563
725 548
700 527
675 512
650 496 10~12万円
625 471
600 453
575 435
550 410 8~10万円
525 392
500 373
475 349
450 331 6~8万円
425 312
400 294
375 275
350 256 4~6万円
325 237
300 218
275 203
250 185
225 165 2~4万円
200 148
175 131
150 113
125 98 1~2万円
100 82
75 66
50 44
25 22 0~1万円
0 0
自営 0 22 44 66 82 98 113 131 148 165 185 203 218 237 256 275 294 312 331 349 373 392 410 435 453 471 496 512 527 548 563 582 601 622 641 662 681 699 721 741
給与 0 25 50 75 100 125 150 175 200 225 250 275 300 325 350 375 400 425 450 475 500 525 550 575 600 625 650 675 700 725 750 775 800 825 850 875 900 925 950 975

（権利者の年収／万円

表5　養育費・子2人表（第1子及び第2子15歳以上）

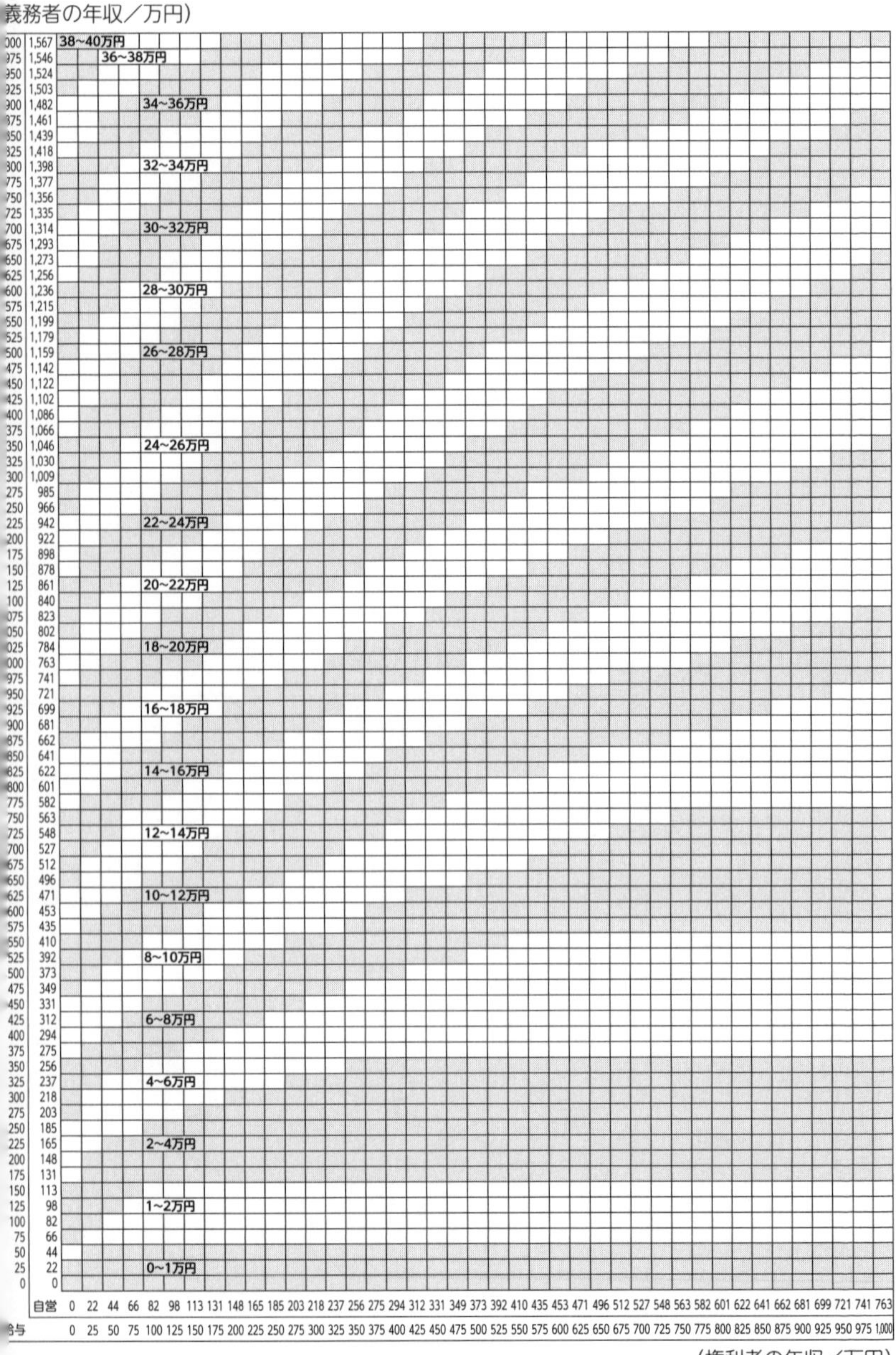

（権利者の年収／万円）

著者略歴

神坪浩喜（かみつぼ　ひろき）

弁護士（仙台弁護士会所属）　あやめ法律事務所所長
仙台簡易裁判所古川支部民事調停委員　元仙台簡易裁判所民事調停官（非常勤裁判官）
1968 年北九州市生まれ。東北大学法学部卒。2000 年弁護士登録。離婚問題、相続問題、借金問題、ハラスメント等の法律相談を多数行なう。調停官や調停委員の経験から、調停が柔軟でしこりが残りにくい有用な紛争解決方法であることを知り、調停を賢く活用してもらいたいと考え、活動している。
著書に『中小企業のためのパワハラ防止対策 Q＆A』『本当に怖いセクハラ・パワハラ問題』『セクハラ・パワハラは解決できる！　民事調停という選択肢』（いずれも労働調査会）、『99.9％解決できる！　借金問題解決法』『18 歳までに知っておきたい法のはなし』『18 歳までに知っておきたい契約のはなし』（いずれもみらいパブリッシング）、『新しい高校教科書に学ぶ大人の教養　公共』（秀和システム）がある。

あやめ法律事務所　http://www.ayame-law.jp

本書は基本として 2024 年（令和 6 年）4 月時点の法律に基づいて制作しています。

弁護士がここまで教える

改訂版　よくわかる離婚調停の本

2024 年 5 月 2 日　初版発行

著　者 —— 神坪浩喜

発行者 —— 中島豊彦

発行所 —— 同文舘出版株式会社

東京都千代田区神田神保町 1-41　〒 101-0051
電話　営業 03（3294）1801　編集 03（3294）1802
振替 00100-8-42935
https://www.dobunkan.co.jp/

ISBN978-4-495-54159-0

印刷／製本：萩原印刷

Printed in Japan 2024